ジェスチャー・ボディランゲージの英語表現

写真と動画で見る

Hana Kawashima Ransom
ランサムはな

クロスメディア・ランゲージ

はじめに

　お笑いタレントの出川哲朗さんが、英語圏の国々でブロークン・イングリッシュを駆使しながら目標を達成しようと奮闘する人気テレビ番組をご覧になったことがある方は多いのではないでしょうか。身振り手振りを交えながら慣れない英語を繰り出す姿に、視聴者は思わず爆笑してしまいますが、なんだかんだ言いながら、最終的に目標をきちんと達成できてしまうのは、すばらしいと思います。英語が上手に話せなくても、身振り手振りを加えて必死で思いを伝えようとすれば、意外に心が通じ、用を足せてしまうことを、この番組は教えてくれます。

　現在は米国テキサス州で暮らし、日本と米国を往復する生活を送る筆者が、ジェスチャーを交えながら、初めて英語ネイティブと「会話」をしたのは、5歳のとき。父が英語のレッスンを受けていたアメリカ人の家庭教師が、家を訪ねて来ました。「母は買い物に行きました」と言いたかったけれど、英語を一言も知らなかった私は、「ママ」「スーパー」とだけ言い、人差し指と中指で、トコトコと人が歩いているジェスチャーをしてみせました。意味がわかった、という顔をした英語ネイティブを見て、とても誇らしい気持ちになったことをよく覚えています。英文法の「え」の字も知らない5歳児でも、ジェスチャーだけで、これだけコミュニケーションが取れるのです。ジェスチャーは会話を進めるための、強力な助っ人なのです。

　日本で英語を勉強している方々に、アメリカからぜひ英語ネイティブのジェスチャーをお届けし、コミュニケーション能力を高めていただきたい。そんな思いから本書は生まれました。

　本書では、英語圏で見かける「ジェスチャー」と「ボディランゲージ」を集めました。ジェスチャーもボディランゲージも身体を使ったコミュニケーション方法の一種ですが、ジェスチャーは主に目的や意図を伴う身体の動き（例：手を振る、手招きをするなど）を表すのに対し、「ボディランゲージ」は必ずしも相手に伝えようと意図していない、もっと広義の非言語メッセージ（例：眉をつり上げる、顔をそむけるなど）も含まれます。

　私の1冊目の著書『写真で見る　看板・標識・ラベル・パッケージの英語表現』から忍耐強くつき合ってくださり、2冊目のチャンスをくださったクロスメディア・ランゲージ社の小野田幸子社長、1冊目に続き、今回もすばらしい写真・動画撮影で協力してくれた遠藤紫苑さん、ジェスチャーのモデルを快く引き受けてくれた元教え子のデイビッド・ディキンソンさんとヴィクトリア・クラインさん、オースティン在住の青木謙太郎さんと村松美佳さん、モライア・シンクマーズちゃんとハナ・ステイガーさん、村松さんの愛犬、飛丸君と茶々丸君、裏方として撮影現場で活躍してくれたトビー・ヴィーデンホーファさん、アルカン・アブヤジドさん、ローガン・クラインさん、動画のサムネイルを作ってくれたオパール・ブノーグ

さん、本当にありがとうございました。その他、イギリス英語のチェックで前作同様にご協力いただいた平松里英さんとリチャード・ハンターさん、英語ネイティブとして若者向けの英語表現をチェックしてくれたデイビッド・アギュラーさんとマシュー・アンダーソンさん、日本語の査読を引き受けてくださった翻訳仲間の浅野義輝さん、岩手大学の渡邉凌さん、翻訳ワークショップの生徒さんの中原美里さん、各国の文化について質問に応じてくださったマイアットかおりさんとジェームズ・マイアットさん（フランス）、アンドレアス・ドイチュマンさん（ドイツ）、レナート・ピントさん（ブラジル）、周子靖さん（中国）、ジャニン・グティブさん（フィリピン）、海外ドラマについてアドバイスをいただいた海外ドラマNAVI公式ライターのErina Austenさん、日本語教育のネタを快くご提供くださったミシガン大学の望月良浩教授、2冊目の著作の出版を陰に日向に応援し、激励コメントを寄せてくれた遠藤千香さん、多くの教え子たち、そして最後に夫のロバート・ランサムに、心から感謝します。皆様の力がなければ、本著を世に送り出すことはできませんでした。ありがとうございました。

Contents

目次

Prologue

ジェスチャーについて

Chapter 1

やってはいけない！
NGジェスチャーとその対処法

Chapter 2

国によって違うジェスチャー

Chapter 3

男女で違うジェスチャー

Chapter 4

日常生活や海外ドラマで見かけるジェスチャー

Chapter 5

ビジネスで覚えておきたいジェスチャー

Chapter 6

海外ではOKなジェスチャー

Chapter 7

日本独特のジェスチャー

コラム目次

本書の構成

1項目は4ページ構成または2ページ構成

写真

ジェスチャーの写真を掲載しています
（日本と英語圏のジェスチャーを対比
したページもあります）。

音声のトラック番号

例文の音声をダウンロードして聴くこ
とができます。番号はファイル名に対
応しています。

動画マーク

ジェスチャーの動画を観ることができ
ます。

会話例

そのジェスチャーに関する例文を紹介
しています。

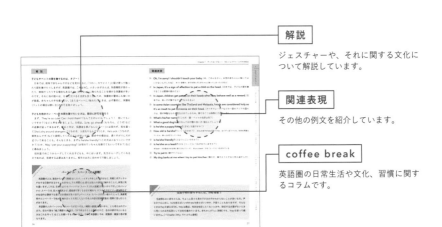

解説

ジェスチャーや、それに関する文化に
ついて解説しています。

関連表現

その他の例文を紹介しています。

coffee break

英語圏の日常生活や文化、習慣に関す
るコラムです。

音声データと動画について

　本書『写真と動画で見る　ジェスチャー・ボディランゲージの英語表現』に対応した音声ファイル（mp3 ファイル）と動画を、下記 URL からご利用いただけます。

https://www.cm-language.co.jp/books/gestures/

◎ 音声データの無料ダウンロード

　上記 URL にアクセスして、音声ファイルを無料でダウンロードすることができます。ZIP 形式の圧縮ファイルです。Track マークの番号がファイル名に対応しています。

　本文で紹介している例文（英語）を収録しました。聞き取りやすいスピードでの、アメリカ英語のナレーションです。

　ダウンロードした音声ファイル（mp3）は、iTunes 等の mp3 再生ソフトやハードウエアに取り込んでご利用ください。ファイルのご利用方法や、取込方法や再生方法については、出版社、著者、販売会社、書店ではお答えできかねますので、各種ソフトウエアや製品に付属するマニュアル等をご確認ください。

　音声ファイル（mp3）は、『写真と動画で見る　ジェスチャー・ボディランゲージの英語表現』の理解を深めるために用意したものです。それ以外の目的でのご利用は一切できませんのでご了承ください。

▶ 動画について

　動画マークのついた箇所については、ジェスチャーの動画をご用意しています。上記 URL のリンクからアクセスしてください。

　本書の写真のモデルをしてくれたアメリカ人ネイティブたちが、ジェスチャーを動画で実践しています。短い動画ですので、手の動きや顔の表情などを何度も確認して、真似してみましょう。

ジェスチャーに
ついて

ジェスチャーとボディランゲージ

　外国語でのコミュニケーションは、文法や語彙を知っていれば十分というものではありません。言葉のトーン（抑揚）や顔の表情、姿勢、身振り・手振りなども、メッセージを伝えるうえで重要な役割を果たします。たとえば、「そうなんですか？」と、「そうなんですか！」では、同じ日本語のセリフでも、伝わるメッセージが全然違いますよね。

　「メラビアンの法則」という言葉をご存じでしょうか？　これはコミュニケーションにおいて、話し言葉が7%、声の調子が38%、ボディランゲージが55%の割合で重視されるという説です。矛盾するメッセージを受け取ったとき、人は言語情報よりも視覚情報や聴覚情報に頼ってしまう傾向があるのです。

　言葉を使わないコミュニケーション要素は、「ノンバーバル・コミュニケーション」と呼ばれます。ノンバーバル・コミュニケーションの代表的なものが、ジェスチャーです。

　「ボディランゲージ」という言葉も、耳にすることがあると思います。ジェスチャーとボディランゲージは、同じ意味で使われることもよくあります。2つの違いは、**ジェスチャーは「体の動き」**を意味するもので、**ボディランゲージは、「その体の動きによって伝わるメッセージ」**だということです。ですから、当の本人が伝えようと意図していない、何気ない顔の表情や姿勢、視線やため息などもボディランゲージと見なされます。

　たとえば、政治家同士がハグをして、友好的な関係であることをアピールしようとしても、一方が硬直した様子だったら、親しさは伝わってきません。「ハグ」自体は友好的な関係を示すジェスチャーであっても、ボディランゲージから、それほど仲良しではないことがわかってしまいます。

　ジェスチャーは、言語によるコミュニケーション以上に雄弁に関係性を明らかにすることがあります。たとえば挨拶で、2人が目を合わせたとき、最初に目をそらした人のほうが、立場が弱い人と見られます。握手でも、一方の人の手が他方の人の手に覆いかぶさるような握手をした場合、手が上にあった人のほうが優位だという印象を与えます。ですから、ジェスチャーはとても大切なのです。プロの講演者や演説者の中には、それをよく認識して、計算しつくされた身振り手振りを交えたスピーチを準備している人も少なくありません。

男性同士のカジュアルな挨拶の例

　言葉がまったくしゃべれなくても、身振り手振りだけで、ある程度はコミュニケーションを取ることも可能です。見知らぬ海外の土地に行って現地の人と交流しようとすると、普段よりもジェスチャーの比率が高くなります。言葉が通じなくても、意外に心が通じることがわかって、忘れられないひとときを体験できることもあります。

　一方、英語と日本語とでは、まったく意味が変わってくるジェスチャーや、意味不明になってしまうジェスチャーもあります。本書ではそのようなジェスチャーについても解説しています。

　なお、本書で取り扱う英語表現は、日本の教科書や英語教育で出てくる表現とは異なったものが多いです。現地で実際に使われている生の表現をお届けし、即戦力を高めていただくことが、本書の目的だからです。辞書に載っている1つひとつの単語の意味に囚われることなく、日常生活に即した実用性の高い表現として覚えていただければ幸いです。

ジェスチャーを実践するうえで大切なこと①自信

　日本人は、ともすればすぐに頭を下げ、申し訳なさそうに振る舞いがちです。「謙虚」であることが美徳とされる文化が土壌になっているからでしょう。でも、英語圏（特にアメリカ）では、謙虚であることは美徳とは見なされません。堂々と自信に満ちあふれているほうが、好感度が高くなります。

　日本人は、自信がないのに「自信があるように振る舞え」と言われても、気持ちがついていかないかもしれません。でも実は、「自信」に関する感覚は、日本とアメリカではかなり異なります。たとえば日本で「英語が話せる」というと、英語ネイティブ並みの実力を想像するのではないでしょうか。でもアメリカでは、日本の感覚からすると、とても話せるとは言えないレベルでも「話せる」という言い方をすることがあります。「話せない」を1、「話せる」を10とした場合、日本人なら「8」ぐらいまで「話せる」とは言わないのに対し、英語圏の人は「2」ぐらいでも「話せる」と分類してしまうのです。

　日本人の感覚では、「上手だ」の域に達していないのに「できる」と言うのは恥ずかしいと考えがちですが、英語圏の感覚では、上手でなくても多少の能力があれば「できる」という言い方をするのです。

　以前、アメリカ人学生に日本語を教えていたとき、「日本語が話せる」とそのアメリカ人が言うので、どんなに上手かと期待して聞いてみたら、「コンニチハ」「サヨナラ」ぐらいしか言えないことがわかって内心あっけに取られた、という経験がありました。日本語の例に限らず、一事が万事、英語圏の人は日本人の感覚で「大したことないな」と思うレベルでも、「できる」と言いがちです。「できる」と宣言する基準は、日本とアメリカとでは異なる感じがします。

　このように、日本人と英語ネイティブとでは「できる」に対する期待度が違うので、自分の能力がそんなに上手だと言えないと思っても、英語を話すときは思い切って「できる」と言ってみましょう。それは日本の感覚では自慢に思えるかもしれませんが、英語圏の感覚に合わせると、決して誇張ではないのです。「郷に入っては郷に従え」です。むしろ、日本の基準で「下手だ」と謙遜してしまうと、ミスコミュニケーションを招く可能性があります。

ジェスチャーを実践するうえで大切なこと②姿勢

　①の「自信」に関連して、大切なのが「姿勢」です。日本人は「申し訳ない」「すみません」という謝罪の言葉を頻繁に使い、頭を下げたりお辞儀をしたりしがちです。でも英語ネイティブがペコペコと頭を下げたり謝ったりすることは、ほとんどありません。もちろん詫びることはありますが、日本人に比べると頻度はずっと少ないです。英語ネイティブを見ていると、許してもらわなければならない状況は、最初から作らないほうがいいと思っているのではと感じさせられます。謝罪するよりも、責任ある大人の対応が好まれるのです。

　日本人は英語を話しているときでも、ついお辞儀をしたり、上目遣いになったりしてしまう傾向があります。でも、対等な接し方が好まれる英語を話しながら、お辞儀をするのは違和感があります。
　英語を話すときに、お辞儀を回避する方法があります。謝罪したい気持ちになったときに、謝罪ではなく感謝の言葉を使うことです。「ごめんなさい」と言いたくなったら、代わりに「あ

りがとう」と言ってみるのです。I'm sorryと言いたい場面で、Thank youを使う。そして、一緒にお辞儀が出てしまいそうになったら、代わりに笑顔を作ってみましょう。

　英語ネイティブは、「迷惑をかけてごめんね」ではなく、「親切にしてくれてありがとう」と言われることを好みます。「よろしくお願いします」も、Thank you. やThank you very much in advance. で乗り切ります。ですので、頭を下げたい気持ちになったら、まずは感謝の発想に転換できないか、考えてみましょう。

　「ごめん」を「ありがとう」と言うところから始めてみると、気持ちのうえでも無理なく、自然に頭を下げる回数を減らしていくことができます。

ジェスチャーを実践するうえで大切なこと③アイコンタクト

「目は口ほどに物を言う」という諺があるとおり、アイコンタクトもコミュニケーションに欠かせない要素です。ビジネスの現場で、幹部やリーダーが部下の目を見ることによって威厳を示すことができるように、目を合わせることは信頼を勝ち取るうえでとても重要です。目を合わせないと、恥ずかしがり屋だとか、退屈しているという印象を与えてしまいます。

まじまじと見つめる必要はありませんが、できれば2〜3秒は相手の目を見るようにしたいものです。ビジネスの場面などで、書類を見ながら話をしなければならない場合も、書類に目を向けてばかりではなく、時には顔を上げて、相手の目を見るように心がけましょう。

複数の人と同時に話す場合は、まずは1人とアイコンタクトを取り、話を進めながら順番に他の人とも同じようにアイコンタクトを取っていきます。自分の話に反応してくれた相手と、自然にアイコンタクトを取りましょう。日本人にはなかなか難しい習慣ですが、少しずつ慣れていけばいいでしょう。

どうしてもアイコンタクトを取ることに抵抗がある方は、笑顔を忘れないようにしましょう。スマイルはどのような状況でも、場を和ませるのに非常に効果的です。

　アイコンタクトは、自信以外に、相手への経緯や理解、絆、誠意などを伝えるときにも非常に重要になってきます。通常の会話のときは2～3秒、強く説得したいときは5秒程度、視線を合わせるとよいとされていますが、じっと凝視するのもまた失礼。ミシガン州立大学の記事によると、大体の目安として、自分が話している間は話している時間の50%ほど、聴き手に回った場合は全体の70%ほどの間、アイコンタクトを取り続けるのが適度なコミュニケーションスタイルだそうです。

　参考：https://www.canr.msu.edu/news/eye_contact_dont_make_these_mistakes

Chapter 1

やってはいけない！
NGジェスチャーと
その対処法

普段、私たちが何気なく日常的に行っていても、
他の国々や地域では「タブー」とされているジェ
スチャーがあります。
本書では、こうしたジェスチャーを「NGジェ
スチャー」と呼ぶことにします。
NGジェスチャーは危険性が高いので、不要な
トラブルを回避するためにも、最初に学んでお
きましょう。

子どもやペットの頭を撫でたいとき

NG！① 子どもの頭を撫でるのは、タブー！

自分の子どもでも他人の子どもでも、無断で頭に触らない

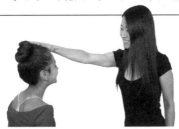

NG！② ペットを撫でるのも、タブー！

飼い主に無断で触るのが失礼なのは、ペットも同じ

coffee break

アメリカ留学時の失敗談

　筆者は米国への留学時、ホストファミリーの10歳の男の子に対し、おふざけで「だーれだ♪」をしようとしたことがあります。カーペットの上に座っていた男の子に後ろから近づき、両手で彼の目を覆って Guess who? と言ってみたところ、男の子はいきなり10cmほど飛び上がり、こちらを振り向きながらものすごい力で私をはねのけました。目には恐怖の色が浮かんでいました。その反応があまりにも激しくて、逆にこちらが驚いたことを、今でも鮮明に覚えています。この件をジェスチャーのモデルの方にも確認したところ、これは特別な反応ではなく、自分も同じ反応をするだろう、との回答でした。

　頭や顔に無断で触ることが、それほど失礼に当たるということを、肌で実感した出来事でした。

24

1 NGジェスチャー

2 国によって違う

3 男女で違う

4 日常生活

5 ビジネス

6 海外ではOK

7 日本独特

OK! 子どもを抱きたい・ペットの頭を撫でたいときは、最初に許可を取ろう

撫でたいときは、必ず最初に尋ねよう！

動画あり

A: Oh, what a cute dog! Can I pet it?
なんてかわいいんでしょう！　触ってもいいですか？

B: Yeah, sure, sure.
もちろん、いいですよ。

会話例

● It's rude to pat someone on the head in the West and some Asian countries. （西洋と一部のアジアの国々では、頭を撫でることは失礼だ）

※pat：「ポンポンと軽く叩く」「撫でる」という意味の動詞。対象が人間の場合に使う。動物のときは使わない

● You're not supposed to touch someone's head. （他の人の頭に触ってはいけないよ）

● Please don't pet my dog. He/She doesn't like it. （うちの犬を撫でないで。嫌がるから）

※pet：「かわいがる」「愛撫する」という意味の動詞。特別な状況を除き、動物にしか使わない。愛玩動物がpetと呼ばれるのはこのため

25

子どもやペットの頭を撫でるのは、タブー！

　日本では、街角で赤ちゃんや犬などを見かけると、「うわ〜、カワイイ！」と駆け寄って触ったり頭を撫でたりしますが、英語圏では、これはNG。小さいお子さんは、免疫機能が弱かったり、病弱だったりする場合もあるため、知らない人に触られることを嫌がる保護者が多いのです。それに他の国々は、日本と比べると治安も良くないため、保護者の警戒心も強いのが普通。赤ちゃんの手を握りたい、（またはペットに）触れたいときは、必ず最初に、保護者（ペットの場合は飼い主）の許可を取りましょう。

子どもを抱きたい・ペットの頭を撫でたいときは、最初に許可を取ろう

　まず、They're so cute! Can I hold them? （なんてかわいいんでしょう！　抱いてもいいですか？）などと声をかけましょう。大抵は、Sure, go ahead. （もちろん、どうぞ）などの返事が返って来るはず。断るときは、保護者も頭ごなしに「ノー」とは言わず、気を遣ってShe's shy around strangers. （うちの子、人見知りなんです）とか、He's sick. （うちの子、病気なんです）などと説明してくれることが多いです。散歩中の場合は、通りすがりに犬が近づいて来ることも。そんなときも、まずIs he/she friendly? （この犬は人なつっこいですか？）とか、May I pet your puppy/dog? （お宅のワンちゃんを撫でてもいいですか？）などと尋ねましょう。

　初対面で向こうからハグしてくれる子どもも、中にはいます。先方からハグしてくれるのであれば、拒絶する必要はありません。相手の出方に合わせて行動しましょう。

coffee break

パーソナル・スペース（対人距離）

　英語圏の人は、普段からハグ（抱擁）をしたり、ハイタッチをしたりするなど、気軽にボディタッチをする印象があるかもしれません。でも実際には、彼らは他人の身体に触れることに、非常に気を遣います。これは、日本人よりもパーソナル・スペース（対人距離）が広いからです。このパーソナル・スペースは、恋人や親友など、親密度が高くなるほど縮まり、ビジネスやセミナー参加時などの社会的な関係では遠くなる傾向があります。パーソナル・スペースが広い彼らにとって、満員電車やエレベーターで他人と触れ合っても気にしない日本人の至近距離感覚は、理解に苦しむことがあります。

　英語圏の人のパーソナル・スペースが広いのは、「縄張り意識」が強いから、とも考えられています。自分の家を「城」「縄張り」と捉え、「外で何をやろうと勝手だけど、自分の家の中にいるときはこれを守って」などとお願いする人もいます。日本と英語圏とでは、距離感・縄張り感が異なります。

関連表現

● **Oh, I'm sorry! I shouldn't touch your baby.** (あ、ごめんなさい。お宅の赤ちゃんに触っては いけないんでしたね)　※つい習慣で、許可を取らずに赤ちゃんに触ってしまったときなど

● **In Japan, it's a sign of affection to pat a child on the head.** (日本では、子どもの頭を撫 でることは愛情の表れだよ)

● **In Japan, children get patted on their heads when they behave well as a reward.** (日 本では、良い子が撫でなでしてもらえるよ)

● **In some Asian countries like Thailand and Malaysia, heads are considered holy so it's an insult to pat someone on their head.** (タイやマレーシアなどの一部のアジアの国々 では、頭が神聖なものと見なされているため、撫でることは侮辱とされている)

● **What's his/her name?** (この犬・猫・ペットの名前は何？)

● **What a good dog/cat!** (なんてお行儀の良い犬/猫なんでしょう！)

● **Is he/she a puppy/kitten?** (子犬/子猫ですか？)

● **How old is he/she?** (いくつですか？)　※heを使うかsheを使うかは、当てずっぽうでOK。性別を間違え ていたら、飼い主が訂正してくれる

● **Is he/she friendly?** (人なつっこいですか？)

● **Is he/she on a leash?** (ひも[リード]につながれていますか？)
※leash：犬を散歩させる時に使うひも（リード）　※on a leash：ひも（リード）につながれている

● **Try to pet it.** (撫でてごらん)

● **My dog barks at me when I try to pet him/her.** (僕の犬、撫でようとすると吠え返すんだ)

coffee break

性別不明の赤ちゃんには、theyを使う

　生後間もない赤ちゃんは、ちょっと見ても男の子か女の子かわからないことが多いもの。声 をかけるときに、heを使えばいいのかsheを使えばいいのか、戸惑うこともありますが、そんな ときはtheyを使えばOK。theyは最近、性別を特定したくないときや、特定する必要がないとき に用いられる代名詞として注目を集めています。赤ちゃんが1人（単数）でも、theyを使って構 いません。(→Chapter 3のp. 111コラム参照)

テーブルマナーの習慣の違いにも気をつけよう

Track
02

NG!① 英語圏では NG なテーブルマナー：
お皿を持って食べる
フォークとナイフを使う文化では、
お皿を手で持ち上げないのが基本

NG!② 英語圏では NG なテーブルマナー：
音を立てて麺をすする
英語圏には、すする音を嫌がる人が多い

coffee break

コラム：海外の麺事情

　最近では、欧米でもあちこちでラーメン店を見かけるようになりました。うどんやそばは見かける頻度が少ないですが…。欧米人に熱々の麺をすするという習慣がないため、欧米のラーメンは日本と比べるとスープの温度が低く、日本よりも若干ぬる目の「猫舌仕様」の温度で出されることが多いです。温度が低めのせいか、「しこしこの麺」にもあまりお目にかかりません。平均的に見て、日本の麺と比べ、若干柔らかめの麺が多いような気がします。すすらなくても簡単に食べられるように、一口サイズに麺がカットされているのを見かけることもあります。

　以前は、ラーメンは欧米人には熱すぎるために人気がなかったそうですが、ぬる目にするなど食べやすいように工夫した結果、爆発的人気が出たそうです。「現地化」が成功した事例ですね。

　ところで、何年も麺をすすらないで暮らしていると、日本にいたときに麺をすすっていた人でもすすり方を忘れてしまうようです。しばらくブランクがあると、むせてしまいそうでちょっと心配です。日本生まれの筆者でもこのように心配なので、この食習慣を日本に住んだことのない欧米の方に習得していただくのは、なかなか難しそうです。

1
NGジェスチャー

2
国によって違う

3
男女で違う

4
日常生活

5
ビジネス

6
海外ではOK

7
日本独特

OK! 英語圏のマナー：お皿を手で持たず、お皿に近づいて食べる

お皿を定位置に置き、動かさない

> In the US/UK, people get closer to the table instead of holding the plate to eat.
> 米国/英国では、皿を持ち上げず、テーブルに近づいて食べます。

会話例

● It's okay to hold the plate and eat from it when using chopsticks in Japan.
（日本では、お皿を持ってお箸でそこから食べても大丈夫）

● In Japan, we have very different table manners from the US/UK.
（日本には、米国/英国とはかなり異なるテーブルマナーがある）

● We slurp our noodles in Japan. Is it okay to do that here, too? （日本には麺をすする習慣があるんです。ここでもすすってもいいですか？）　※slurp: ずるずると音を立てて飲食する

● In the US, some people take their leftover ramen back home, even though the noodles get soft. （米国には、ラーメンがのびても、食べ残しのラーメンを持ち帰る人がいます）
※leftovers/leftover: 料理の残り物、食べ残し。名詞で使うときは複数形、形容詞で使うときは単数形を用いる

● In the West, people eat soup with a spoon. （西洋では、スプーンでスープを飲みます）

英語圏ではNGなテーブルマナー：お皿を手で持って食べる／麺をすする

　日本では食事の際、お茶碗やお椀、小皿を片手に持つのが正式なマナーです。しかし欧米には、お皿を手で持つ習慣がありません。そもそもお皿が大きい平皿のワンプレートであることも多く、重くて片手で持つのは困難です。日本ではご飯をかき込んで食べたり、スープや麺類を音を立ててすすったりする、という習慣を知らない欧米人がほとんどです。

　ただし近年は欧米にもラーメン店が増え、ラーメンは「すすって食べるもの」という知識が、だいぶ定着してきました。海外でラーメンを食べたときに、麺をすすって嫌な顔をされることも、ほとんどなくなりました。ただ、日本料理店以外のレストラン（イタリア料理のレストランなど）で、スパゲティなどのパスタ類をすするのはNGです。ベトナム料理のフォーなども麺類ですが、すすらないのが正しい食べ方だそうです。

英語圏のマナー：お皿を手で持たず、お皿に近づいて食べる

　欧米では、フォークを左手、ナイフを右手に持ち、食べ物を切り分けながらいただきます。ただし米国では、肉などを最初に全部切ってから、フォークを右手に持ち替えて食べる人もよく見かけます。一方、英国では、フォークを利き手に持ち替えず、ライスやグリーンピース、ビーンズなどをフォークの背に乗せて食べるのが一般的です。ちなみに左利きの人の場合、半数以上が右利きと同じマナーを使いますが、スプーンのみ、ナイフのみなどを使用するときは、左手を使うことが多いそうです。

　テーブルに肘をつくのも、良いマナーではありません（日本でもそうですが）。なお、スープについては、日本語では「飲む」と言いますが、英語ではスプーンを使っていただく場合、drinkではなくeat（食べる）と言います。一口ずつ口に運んでいただくため、音を立ててすすることもありません。カップスープなどの場合は飲み物に近いため、drinkを使う人もいますが、どちらを使ってよいかわからないときはeatを使っておくと安全です。

coffee break

会食の際に注意したいこと

　英語圏では、食事をしながら会話を楽しむのが良いマナーとされています。しかし、日本人の多くは「食べながら話すのはお行儀が悪い」と教えられて育っているため、この習慣に慣れていません。食べ物を口に入れるタイミングと話すタイミングのバランスを取るのは、なかなか難しいです。英語圏でも、食べ物が口に入ったまま話すのはマナー違反なので、口にものが入った状態で質問を振られたときは、人差し指を1本立て、「ちょっと待って」というしぐさをしながら飲み込みましょう。

関連表現

- **It's rude to slurp any type of noodles in the US/UK.**（米国／英国では、どのような種類の麺でもすすることは失礼だ）

- **Don't talk with your mouth full.**（口にものを入れたまま話してはいけません）

- **In Japan, you're supposed to hold the rice bowl with your left hand.**（日本では、お茶碗を左手で持つべきだとされています）

- **Can I eat holding my plate?**（お皿を持って食べてもいいですか？）　※普通はダメなので、この質問文は特別な状況でのみ使ってください

- **Miso soup is served with meals in Japan.**（日本では、ご飯と一緒に味噌汁をいただきます）

- **In some Japanese restaurants in the US, sometimes miso soup is served as an appetizer.**（米国の日本料理レストランでは、味噌汁がご飯やおかずよりも先に、「前菜」として出てくることがあります）　※しかもレンゲつきです

- **Can you make my noodles boiling hot?**（私の麺を熱くしてくれませんか？）　※海外のラーメンは、日本人にとってはぬるく感じられることがあるため、熱くしてほしいときに言うフレーズ　※boiling hot: 沸騰するほど熱く

- **Do you have chopsticks? We need some.**（お箸はありますか？ あればほしいのですが）　※アジア系のレストランでは、何も言わなければフォークを出すが、頼めばお箸を持って来てくれるお店がある

- **The broth is really good, isn't it?**（このスープ・だし汁は、本当においしいですね）　※broth: だしを取って味つけしたスープのこと

- **Do you have Chinese soup spoons here?**（レンゲはありますか？）

- **Can you pass me the pepper?**（コショウを取ってくれませんか？）

- **Can I get a knife and fork, please?**（ナイフとフォークをもらえますか？）

- **I need another fork, please.**（フォークをもう1本、持って来てくれませんか？）

- **How do I eat this? Can I use my hands, or do I need to use a fork?**（これ、どうやって食べればいいの？ 手で食べてもいい？ それとも、フォークを使わないとダメ？）

- **You can eat tacos with your hands.**（タコスは手で食べていいよ）

握手をするときの目線

NG! 英語圏では、相手の目を見ない（そらす）のは NG！

相手に関心がない / 挙動不審の印象を与える

目に関する日本語の慣用句は、
英語ネイティブにニュアンスが伝わりにくい

coffee break

　相手の目を見ることを「特別」と考える日本には、「横目で見ながら通り過ぎる」「見て見ぬフリ
をする」「〜を尻目に」「わき目もふらず」「上目遣い」など、直視しないで視線を送ることから来る
慣用表現がたくさんあります。このような言葉の意味を、外国人の日本語学習者に理解してもら
うのは、なかなか大変です。たとえば、「横目で見る」という行為がどういう意味合いを持つこと
なのか、直視することに抵抗感のない彼らにはわかりません。このような場合、背景知識から説
明してあげなければいけません。こういう説明をしていると、日本人は「直球」(直視)は投げた
がらないけれど、カーブやフォークボールなど、さまざまな視線のバリエーションがある、とい
うことに気づかされます。外国人に日本語を教えていると、逆に彼らに日本語や日本人のことを
教えられます。

1 NGジェスチャー

2 国によって違う

3 男女で違う

4 日常生活

5 ビジネス

6 海外ではOK

7 日本独特

OK! 英語圏では、相手の目をしっかり見ることが礼儀
笑顔で相手の目を見ると、好印象！

Hello, my name is David.
Nice to meet you.
こんにちは。デイビッドです。
どうぞよろしく。

会話例

- In Japan, people tend to avoid direct eye contact.（日本では、相手の目を直視するのを避ける傾向があります）
- It's difficult for Japanese people to look at someone directly in their eyes.（日本人にとって、相手の目を見るのは難しいことです）
- Hello, I'm Ken and I'm from Japan. It's (such) a pleasure to meet you. I've heard so much about you.（こんにちは、ケンです。日本から来ました。お会いできて本当に嬉しいです。お噂はかねがね伺っておりました）

英語圏では、相手の目を見ない（そらす）のはNG！

　日本では、挨拶のときに目が合うと、下を見たり、視線をそらしたりしてしまう人も多いと思います。でも英語圏では、挨拶のときに相手の目を見ないと「先方に関心がない」という印象を与えるか、自信なさげで挙動不審に見える恐れがあります。相手の目をまともに見られないのは、「何かやましいことがあるからではないか？」と、疑われる可能性もあります。また日本では、1回だけ会ったけれど「友人」と呼べるかどうかは微妙な距離感の相手に対して、挨拶をせずに無言で目をそらすことがありますが、このような「無視」は、英語圏では失礼。目が合ったらお互いの存在を認め、口角を上げて歯を見せずにニッと笑顔を作り、Hi! と言って軽く会釈するのが普通です。

英語圏では、相手の目をしっかり見ることが礼儀

　相手の目を見ないことに慣れている日本人にとって、「目を見ろ」と急に言われても、なかなか実践できないかもしれません。そんな方のために、ジェスチャーのモデルのヴィクトリアさんがとっておきのアドバイスを教えてくれました。彼女によると、英語圏の人でも社交的に振る舞うことが苦手で、相手の目を見ることに気後れする人がいるそうです。そういう内向的な人は、相手の目を直視せず、眉と眉の間の1点を見つめるようにするといいそうです。眉間を見つめていても、相手には目を見ていないことはわかりません。笑顔で相手の目（または眉間）を見ると、爽やかで良い印象を与えます。

　英語圏では堂々としている人が多いように見えますが、シャイな人がいないわけではありません。日本人はシャイな英語ネイティブから自然な振る舞い方を教えてもらうのも、1つの方法ではないかと思います。

coffee break

話すときだけでなく、話を聞くときも相手の目を見よう

　日本では時々、目をつぶって相手の話を聞いている人がいます。集中できるのかもしれませんが、これは英語圏では失礼にあたります。しっかりと相手の目を見て、集中して話を聞くようにしましょう。ただし、英語での相槌は、日本語で話すときほど多くなくて構いません。日本語では、相手が区切るたびに「はい」「はい」と相槌を入れると、熱心に聞いている印象を与えますが、英語の場合は逆効果になることも。入れすぎると、急かしているように聞こえて話し手を不安にさせることもあります。時折うなずきながら、I see. などと挟む程度で十分です。

1
NGジェスチャー

2
国によって違う

3
男女で違う

4
日常生活

5
ビジネス

6
海外ではOK

7
日本独特

関連表現

「見る」に関する表現

- Many Japanese people tend to be a little shy when they meet someone for the first time.（初対面のとき、多くの日本人は少し内気だね）

- Just because a Japanese person doesn't look you directly in the eyes, it doesn't mean they don't like you.（日本人があなたの目を見なくても、嫌っているという意味ではないよ）

- The eyes say more than the mouth.（諺：目は口ほどに物を言う）

- Eye contact is very important in the West.（西洋では、アイコンタクトが重要だ）

- You shouldn't look away when you meet someone for the first time.（最初に誰かに会ったときに、目をそらすべきではない）

- It's better to take off your sunglasses when you meet someone new.（誰かに新たに会うときは、サングラスを外したほうがいいですよ）

- What are you staring at?（何を凝視してるの？）　※たとえば、男性が女性をジロジロ見ているような状況で、「なに見てんだよ」のようなニュアンス。あまりいい印象ではない

挨拶の表現

- Can you please tell me your name again?（お名前をもう一度お伺いできませんか？）
  ※丁寧なニュアンス

- Could you please say that again?（もう一度おっしゃっていただけませんか？）　※丁寧なニュアンス

- How are you doing?（お元気ですか？）

- It was so good to see you again.（またお会いできて本当によかったです）

- I hope to see you again.（またお会いできれば嬉しいです）

- A: How's it going?（お元気ですか？）
  B: Good. How about you?（元気です。あなたは？）

手で口を覆って話す

NG! 英語圏では、口をふさいだまま話す・笑うのは NG

口をふさぐと、自信なさげな印象に

coffee break

日本語の顔文字は目で感情を表すが、
英語の顔文字は口で感情を表す

　日本人は、日常では目を合わせないことを好みますが、なぜか顔文字の世界では、目による感情表現が豊富です。一方、英語の顔文字（エモーティコン）では、口で感情を表すことが多いようです。日本語の顔文字は (^_^) (ʊ_ʊ) などのように目を見れば表情がわかりますが、英語の顔文字は :-) :-(などからもわかるとおり、目の表情が乏しいものが多いのが特徴的です。

日本語の顔文字の一例　　　　(^_^) (*_*) (≧▽≦) (T_T)
英語の顔文字 (emoticon)の一例　:-) :-(:'-(:O

1

NGジェスチャー

2

国によって違う

3

男女で違う

4

日常生活

5

ビジネス

6

海外ではOK

7

日本独特

OK!　英語圏では、話すときに口を隠さない

手振りなども交え、毅然とした対応が好ましい

Let me tell you something.
ひとこと言わせて。

会話例

- Japanese people, mainly women, cover their mouth when they smile or laugh.（日本人、特に女性は、笑うときに口を覆うね）

- Cover your mouth when you yawn.（あくびをするときは、口を覆ってください）　※yawn：あくびをする（「ヤーン／ヨーン」のように発音）

- Can you speak up? I couldn't hear you.（もう少し大きい声で話してくれませんか？　聞こえませんでした）　※speak up: はっきりと大きな声で話す

英語圏では、口をふさいだまま話す・笑うのはNG

　日本では、口を半分ぐらい覆って話したり、控えめに笑ったりする人が（特に女性に）多いと思います。これは一説によると、お歯黒の（明治時代以前に女性が歯を黒く染めていた）時代まで遡る習慣だとか。でも西欧では、このしぐさは不思議な印象を与えます。日本のように「女性的」「控えめで好ましい」などの印象を与えることはないので、ご注意ください。英語ネイティブでも口を覆う場合はありますが、状況がやや異なります。英語ネイティブは、あくびをするときや、口の中に食べ物が入っていて、それを急いでかみ砕いて飲み込もうとするようなときに口を覆います。また、笑ってはいけないときに（不謹慎な場合など）うっかり笑ってしまって、バツが悪いときにも口を覆うことがあります。ただしそういうときは、日本人のように「口に手をやる」（口が一部見えている）のではなく、口が全部隠れるように覆います。

　ちなみに、日本人は咳やくしゃみをしたときにも片手で口を覆いますね（最近は上腕や袖で鼻や口を拭う「咳エチケット」も浸透してきています）。一方、英語ネイティブは咳をするときは拳を作り、くしゃみをするときは両手で鼻と口全体を覆うことが多いです。げっぷに関しては、英語ネイティブは日本人以上に気を遣います。大きい音が出ないように飲み下そうとしたり、拳や手を口に当てて音を抑制しようとします。女性の場合は、両手を胸に当てる人もいます。それでもげっぷしてしまった場合には、Excuse me. と詫びる人もいます。

英語圏では、話すときに口を隠さない

　英語を話すときは、手で口をふさいだりせず、はっきりとした発音を心がけて話してみましょう。速く話すことは、重要ではありません。ゆっくりで構わないので、話の内容に集中しましょう。話に熱が入ると、身振り手振りも自然とついてきます。せっかくですから、説得に役立つジェスチャーなども交えて話してみてはいかがでしょうか。発音に多少自信がなくても、たどたどしくなることがあっても、自分の意見をしっかりと述べることができれば、大抵の人は耳を傾けてくれます。

　英語の場合、日本語を話すときのように自信なさげに語尾を下げてしまうと、もやっとした印象を与えます。イエス・ノー型の質問のときは語尾を上げて質問するなど、イントネーションも意識しましょう。はっきり話すことが大前提となっているので、手を当ててひそひそ内緒話をするようなしぐさはほとんど見かけません。

関連表現

● **Most Japanese people try not to make too much noise when they laugh.**（大部分の日本人は笑うとき、大声にならないように気を遣う）

● **In Japan, people cover their mouth when they cough or sneeze too.**（日本では、咳やくしゃみをするときにも口を覆います）　※cough: 咳をする　※sneeze: くしゃみをする

● **Japanese high school girls cover their mouth when they giggle.**（日本の女子高生生は、口を覆いながらクスクス笑う）　※giggle: くすくす笑う（「ギグル」と発音）

● **Japanese people wear a mask when they get a cold.**（日本人は風邪を引くと、マスクをする）

● **You should keep your mouth shut, less you want people to find out about whatever your concern is.**（他の人に自分の懸念を知られたくなかったら、口を閉ざしておいたほうがいい）

● **My colleague's got a big mouth.**（私の同僚は、おしゃべりだ）　※have a big mouth: おしゃべりだ、口が軽い、ほら吹きだ　※ 's got (has got): has（持っている）と同じ意味で、口語でよく使われる

● **Let's talk over a cup of coffee.**（コーヒーでも飲みながら話そう）　※言いにくい話や大切な話があるときの前置きにも使う

● **Let's discuss it in detail tomorrow.**（明日、詳しく話し合おう）

1　NGジェスチャー

2　国によって違う

3　男女で違う

4　日常生活

5　ビジネス

6　海外ではOK

7　日本独特

鼻をすすらず、かむ

NG! 英語圏では、鼻をずるずるとすすり続けるのは NG

風邪などで鼻水が止まらなくても、すすり続けない

coffee break

街角でのポケットティッシュ配布は、日本独特の光景

　日本では、駅前などで広告入りのポケットティッシュを配っている光景をよく見かけます。その影響もあってか、ポケットティッシュは身近な存在です。しかし、このようにティッシュを配るマーケティング方法は、実は日本が主流。日本で生み出された手法だそうです。英語圏では2000年代からティッシュを配るマーケティング活動が開始されたそうですが、まだまだ歴史は浅いです。何かを配布するとしても、せいぜい何かのイベントで、チラシやクーポン、新商品のサンプルを配る光景ぐらいしか見かけません。

　ポケットティッシュは、英語圏でもスーパーやドラッグストアに行けばありますが、お金を出して購入しなければなりません。海外でポケットティッシュを購入するたびに、日本を懐かしく思い出します。

OK！　英語圏では、人前で鼻をかんでも OK

鼻水はできるだけ早く、鼻をかんで対応する

Achoo!!
ハクション!!

会話例

● A: Achoo!!（ハクション!!）　※「アチュー！」と読む擬音語。「チュー」の部分を強く発音
　B: Bless you.（お大事に）
　A: Thank you.（ありがとう）
　B: Do you have a cold?（風邪引いてるの？）
　A: No, it's just a little dusty in here.（いや、ここはちょっと埃っぽいからね）

● A: I have to sneeze. Do you have any tissues?（くしゃみが出そうだ。ティッシュ持ってる？）
　B: Here you go.（はい、どうぞ）
　A: Thank you.（ありがとう）

英語圏では、鼻をずるずるとすすり続けるのはNG

　日本では、風邪やアレルギーなどで鼻水が垂れてきた場合、鼻をすすったり手でこすったりして、一時的に鼻水を止めようとします。でも、ぐずぐずといつまでも鼻をすすり続けるのは、英語圏では逆に印象が悪くなります。麺をすするときのタブーとも共通していますが、「ズズーッ」という音に、生理的に嫌悪感を示す人が多いのです。いつまでもずるずるすすっているぐらいなら、一瞬大きい音を立てることになっても、思い切ってかんでしまったほうがいい、という意見が多いです。日本と反対ですね。

英語圏では、人前で鼻をかんでもOK

　英語圏では、人前で「ブーン」と大きな音を立てて鼻をかんでも、失礼には当たりません。ただ、それが気になると言って、いったん席を外してお手洗いに行き、鼻をかんでから戻ってくる人も多く見かけます。日本と違う点は、特にイギリスで、鼻をかむときにティッシュだけでなく、ハンカチが使われる場合もあること（男性に多いようです）。しかも、同じハンカチで何度も鼻をかみ、鼻をかみ終わると、そのハンカチを折りたたんで胸のポケットに戻すのです。日本人の感覚としてはビックリですね。ハンカチは、手を拭くだけでなく鼻をかむ役割も果たすので、他の人のものを借りるときには注意したほうがよさそうです（笑）。

　1967年のジェームズ・ボンドの映画『007は二度死ぬ』（You Only Live Twice）には、ボンドが日本に溶け込むために、「西洋人がハンカチで鼻をかむのはおかしいから、ちり紙でかむように」と教えられるシーンがあるそうです。面白いですね。

アメリカの学校では、ハンカチやティッシュの持参は不要

　日本では、保育園・幼稚園・小学校などで、ハンカチやティッシュを児童・生徒に持たせるように指導するところが多いと思います。昔は、「持ち物検査」なんていうのもありましたね…。でもアメリカでは、ハンカチとティッシュを持参するように生徒に指導することはないそうです。衛生面を重視するアメリカでは、お手洗いにペーパータオルを設置することが必須となっており、学校側がペーパータオルやハンドドライヤーなどの設備を整えていなければならないのだとか。そのせいか、ハンカチやティッシュケースを持ち歩く指導も行われていません。イギリスの男性は、鼻をかむためにハンカチを持ち歩いている人もいるそうですが、アメリカでは、学校指導がないせいか、ハンカチやティッシュケースをお店で見かけることもありませんし、ハンカチやティッシュを持ち歩いている大人も見かけません。

関連表現

● **I have a stuffy nose.**（鼻が詰まってしまった）　※stuffy: 息苦しい、鼻が詰まった

● **I have a runny nose.**（鼻水が出ている）

● **I can't stop sneezing.**（くしゃみが止まらない）

● **My nose itches.**（鼻がかゆい）　※itch: かゆい（動詞）

● **My nose is twitching.**（鼻がムズムズする）　※twitch: けいれんする、ムズムズする

● **I have a hard time breathing.**（呼吸が苦しい）

● **I may be allergic to pollen.**（花粉アレルギーかもしれない）　※allergic to: ～アレルギーの
※pollen: 花粉

● **Excuse me. I'll be right back.**（すみません、ちょっと失礼します）　※席を外したい場合

● **Japanese women blow their nose quietly.**（日本人女性は静かに鼻をかむよ）

● **I cannot smell anything because my nose is stuffed up / because I have a stuffy nose.**（鼻が詰まっていて、匂いがわからない）

● **I wiped my nose so much that it hurts.**（鼻を拭きすぎて、鼻の下が痛い）

● **I have a sinus infection.**（鼻炎になった）　※sinus infection: 鼻炎

● **Can you get/grab me a tissue from over there?**（そこからティッシュを取っていただけませんか？）

● **When you're in a train station in Tokyo, there's usually someone who's handing out free pocket tissues with advertisements inserted.**（東京の駅を通りかかると、通常誰かが広告入りのポケットティッシュを配っている）　※hand out: 配る

1
NGジェスチャー

2
国によって違う

3
男女で違う

4
日常生活

5
ビジネス

6
海外ではOK

7
日本独特

ふざけて使うと本当に危険！
挑発になるのでやめよう

NG！① 絶対に危険‼　中指を突き立てる行為＝「Fワード」の侮辱サイン（英語圏共通）
侮蔑的な感覚は、非ネイティブには実感することが難しい

　中指を突き立てる行為は「Fワード」（fuck）
を表すジェスチャーです。

　英語ネイティブにとっては口にするのも憚
られる下品な言葉なので、頭文字のFを取って
「F（エフ）ワード」と呼んでいます。

coffee break

日本で中指を使うと、英語ネイティブはドキッとする

　日本では、物を指したり、鼻の頭を掻いたりするときに、中指を使う人がいます。また日本
の手話では、「兄」「弟」を示すのに、中指を立てるそうです。英語ネイティブはこのしぐさを見ると、
違う意味だということが頭ではわかっていても、ドキッとするそうです。それだけ強烈な印象を
与えるジェスチャーなので、英語ネイティブは通常、この表現をできるだけ使うのを避けようと
します。常識ある英語ネイティブが極力回避しようとするジェスチャーなので、私たちも実感と
してはわからなくても、中指の使用を控えることを心がけましょう。

罵り言葉が豊富な英語は、日本語よりも喧嘩に適した言語？

　日本人と英語ネイティブの国際カップルに話を聞くと、普段は日本語で会話していても、「ケ
ンカに限っては英語のほうがしやすい」という答えをよく聞きます。怒りを感じたときに、相手
を攻撃するのではなく、状況に関して罵れる表現が豊富なので、ある意味、安全なのでしょう。
日本語の罵り言葉は、相手の外観や特徴を個人的に侮辱する表現が多いので、一歩間違うと英語
以上に陰湿な印象を与えてしまいます。

1
NGジェスチャー

2
国によって違う

3
男女で違う

4
日常生活

5
ビジネス

6
海外ではOK

7
日本独特

NG！② 英国・オーストラリアの侮辱サイン

英国では、裏ピースサインも注意が必要

　イギリス系の国で要注意の裏ピースサイン。元々は、戦時中に由来するそうです。イギリス人が弓矢を用いてフランス軍と戦っていたとき、フランス軍はイギリス人を捕虜として捕らえると、弓が引けなくなるように、2本の指を切り落としていたとか。そこで、弓を引くときに使う指を挑発的に敵に見せることが、侮辱のサインになったということです（イギリス人のリチャード・ハンターさん解説）。ちなみに、手のひらを外側に向ける通常のピースも、英国では失礼に当たるということです（裏ピースほどではありませんが）。日本人は写真を撮るときにこのピースサインをやりがちですが、イギリスに行ったときは注意しましょう。

NG！③ フランス、ポルトガル、スペイン、イタリア、ブラジルなどの侮辱サイン

ラテン系の国で侮辱を意味するジェスチャー

　日本では喜びや、「任せとけ！」などの意味でこのポーズをする人がいますが、フランスやイタリアなどの国では侮辱に当たるので気をつけましょう。イギリスではヨーロッパほどのインパクトはないそうですが、みんな知っているポーズなので、やはり注意が必要。写真のように二の腕を見せるような角度であればそれほど問題ありませんが、真正面からのポーズは絶対にやめましょう。

会話例

- **Fuck you!**（くそったれ、バカ野郎！） ※使用注意
- **Fuck off!**（あっち行け、バカ野郎！） ※使用注意
- **Go fuck yourself!**（失せろ！、じゃまだ！、うるさい！） ※使用注意
- **What the fuck!**（なんてこった！） ※WTFと書くことも

絶対に危険!! 中指を突き立てる行為＝「Fワード」の侮辱サイン（英語圏共通）

海外の映画やドラマでよく耳にし、日本人の間でもよく知られている「ファック」サイン。あまりにも有名なので、気軽に使われているという印象を受ける方もいるかもしれません。でも、英語ネイティブにとっては、これは反射的に激昂してしまうほど、強烈な侮辱表現です。放送禁止用語でもあります。別名「F（エフ）ワード」「ミドルフィンガー」などとも呼ばれます。日常生活では、車を運転していて不本意に割り込まれたときや、喧嘩を売りたいときなどに見かけることがあります。外国人の私たちには、感覚的にピンと来ませんが、状況によっては命にかかわるので、ふざけて使用するのは絶対にやめましょう。

Fワードと並んで、アフリカ系アメリカ人を揶揄する「Nワード」と言うNG表現もありますが、本書では割愛します。

ギャングが使うジェスチャーにも警戒が必要

海外には、上記の挑発的ジェスチャー以外にも、ギャングを表すジェスチャーなどがあります。残念ながらギャングのサインは地域や団体によって異なり、ギャングのサインを集めた公式ページなどはありません。短期間の海外旅行などで遭遇することはめったにないと思いますが、目安として、街を歩いていて壁の落書きが多くなってきたら、治安の悪い区域に足を踏み入れている可能性があるので注意しましょう。代表的なギャングのサインを捉えた写真をご紹介しますが、絶対に真似しないでください。

この写真に写っている手のジェスチャーは、絶対に真似しないでください。

1
NGジェスチャー

2
国によって違う

3
男女で違う

4
日常生活

5
ビジネス

6
海外ではOK

7
日本独特

関連表現

- **Using the middle finger is extremely rude.**（中指を立てるのは非常に失礼です）
- **Don't flip the bird at people.**（人に向かって中指を立ててはいけません）　※flip the bird: 中指を立てる
- **What the hell!**（なんてこった！）
- **Kiss my ass!**（ふざけるなよ！）　※使用注意
- **You're a jerk!**（お前は嫌なヤツだな！）　※使用注意
- **No, you're an asshole.**（いや、ゲス野郎はお前だ）　※使用注意
- **She was a bitch.**（彼女は性格の悪い女だった）　※使用注意

coffee break

罵り言葉を回避する言い方

　英語には日本語よりも罵り言葉が多いですが、あまりにも強烈な表現なので、英語ネイティブは、響きが似た別の言葉を婉曲表現に使うことがあります。「ファック」の代わりにfudge（ファッジ。本来の意味は「ごまかし」や「チョコレートファッジ」）と言ったり、形容詞的に「ファッキング」の代わりにfrigging（フリギン）と言ったりします。また、Fワードと並んで使用される罵り表現にshit（クソ）があります。こちらの言葉もよく聞きますが、婉曲表現としてはshootが使われます。意味を頭に入れておくことは大切ですが、使ってみることは、あまりお勧めしません。

アメリカの警官に対応するときの注意

ケンカや侮辱について取り上げてきたので、アメリカの警察官に対応するときの注意点についても簡単に触れておきます。車を運転していて警察に呼び止められたら、路肩に車を寄せて止め、運転席に座ったまま、両手をハンドルの上（10時と2時の位置）に置いて警官の指示を待ちましょう。グローブボックスから保険証などを取り出すときも、手を伸ばす前に警官に許可を取りましょう。銃社会のアメリカでは、警官は常に銃で反撃されることを想定して行動しているので、勝手に動くと不審だと思われる危険があります。

筆者は以前、アパートの敷地内で「止まれ」のサインに気づかずに走行して、警官に止められたことがあります。上記の習慣を知らなかったため、車から降りて「はい、何でしょう？」と、スタスタと警察官に歩み寄ろうとしたところ、すごい剣幕で「わーっ、近寄るな、席に戻れ、戻れーっ!!」と怒鳴られました。後で友人や家族に話したところ、「運が悪ければ撃たれてたか地面に倒されてたかも。テーザー銃でやられた可能性もある」と言われてゾッとしました。銃社会ならではの注意点だと思います。

ちなみに、銃を突きつけられて「動くな」というときに使うフレーズはFreeze!です。1990年代に、日本人留学生がFreezeがわからずに撃ち殺されるという痛ましい事件が起きました。直訳すると「固まれ」というような意味。日本語とは発想が違うので、注意して覚えておきましょう。

変わりゆくマスク着用の文化

日本では、相手に口を見せなくても失礼だと見なされないため、風邪や花粉症対策としてマスクを着用する人が多くいます。欧米ではこれまでは一般的に、医療従事者以外、マスクを着用する習慣はありませんでしたが、新型コロナウイルスの蔓延がきっかけとなり、その意識に変化が現れてきました。以前はマスクを着用して外出すると、何か重症の病気にかかっているのでは、という印象を与えていました。ですがコロナウイルスが猛威を振るい、ロックダウン命令が発動してからは、マスク（フェイスカバー）着用を義務づけ、守らないと罰金を課す市町村も出てきました。アメリカの行動の速さには驚かされることが多いですが、それにしても一気に方針を180度転換したことには驚きます。

いまだにマスクやフェイスカバーに抵抗を示し、「自由」の名のもとに異論を唱える人もいるのには国民性の違いを感じますが、コロナウイルスの一件がきっかけで、マスクに対する人々の意識が変わったことは、間違いないようです。

1
NGジェスチャー

2
国によって違う

3
男女で違う

4
日常生活

5
ビジネス

6
海外ではOK

7
日本独特

多民族国家を訪れるときに気をつけたいこと

　2020年5月、アメリカではジョージ・フロイドという黒人男性が、20ドルのニセ札を使おうとしたという疑いをかけられ、白人警察官に頸部を押さえつけられて窒息死させられる事件が起きました。この事件をきっかけに、米国全土に抗議運動が広がり、各地で暴動が起きました。この事件により、アメリカにはいまだに人種差別（特に黒人に対して）が根強く残っており、「制度的差別」(systemic discrimination)に多くのアメリカ人がやりきれない怒りを抱いていることが、図らずも浮き彫りになりました。生まれたときから制度的に不平等で、厳しい生活を強いられることも多いアフリカ系アメリカ人。彼らは幼いときから、「ポケットに手を入れて歩くな」「お店で買わないものにむやみに触るな」など、警官に疑いをかけられないように振る舞うことを教えられるそうです。そこまで気を遣って行動しなければいけない多民族国家を訪れるときは、何気ない一挙一動でも、気を悪くする人がいるかもしれない、という意識を常に持つことが必要です。たとえおふざけであっても相手を挑発し、激昂させる行為は控えたいもの。繰り返すようですが、本書で紹介した侮辱サインは、絶対に実践しないようにしましょう。

　参考：黒人青年が母から言われた「16のやってはいけないこと」が、黒人にとって警察がどれほど脅威かを教えてくれる（ハフポスト2020年6月6日の記事：https://www.huffingtonpost.jp/entry/unwritten-rules-black-man-follow_jp_5edb3ee5c5b6a80a46d465f7）

アメリカでよく使われる絵文字

Tears of Joy（嬉し泣き）(😂)
Love Heart（ハート）(🖤)
Smiling Face with Heart Eyes（目がハートのスマイル）(😍)
Rolling on the Floor Laughing（転げまわって笑う）(🤣)
Smiling Face with Smiling Eyes（目が笑っている笑顔）(😊)

　日本ほど多くのバリエーションはないようです。なお、日本人が使う<m(__)m>やorzなどは、英語圏にお辞儀や土下座の習慣がないため、英語ネイティブに対して使っても意味が通じないことがあります。

Chapter 2

国によって
違うジェスチャー

本章では、国によって異なるジェスチャーを取り上げ、正しい使い方と意味を解説します。ここでは主に、日本と英語圏の国々のいくつかのジェスチャーを対比させながら、文化的な違いも考察しています。

国によって異なる、数の数え方と ハンドジェスチャー

Track
06

日 本 ▶ 1 ～ 10 の数え方

片手で指折り数えることもできる日本

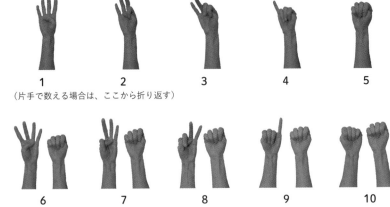

1	2	3	4	5

（片手で数える場合は、ここから折り返す）

6	7	8	9	10

（他に6は左手小指を折る方法や、人差し指から順に数えていくなど地域差もあり）

coffee break

日本語学習者の難関は、何と言っても「助数詞」

　以前、外国人学生に日本語を教えていたときに印象的だったことがあります。学生たちが学習で一様に苦労するのが、日本語での物の数え方だったのです。確かに日本語は、「ひとつ、ふたつ…」という数え方と「1個、2個…」という2通りの数え方を覚えなければならないだけでなく、何を数えるかによって、「〜人」「〜匹」「〜本」「〜枚」「〜冊」「〜杯」「〜台」「〜頭」「〜日」など、違った数え方を暗記しなければなりません。私たち日本人が英語の「単数・複数」で苦労している傍らで、外国人の日本語学習者は、膨大な数の数え方の単位を覚えなければなりません。「日本語は、単数・複数の区別がない分、別の部分で細かく数え方を指定しなければならない」と説明しましたが、「にほん」「さんぼん」などと読み方も不規則に変わるので、本当に覚えにくそうです。

　でも、「数え方をしっかり覚えたから、日本に行ったとき、喫茶店でコーヒーを正しく注文できた！　勉強しておいてよかった！」と報告してくれた学生の誇らしげな笑顔も忘れられません。外国語を学ぶというのは、どちら側から見ても大変だなぁと思います。

英語圏 **1 〜 10 の数え方**

人差し指から始まって、両手を使って数える英語圏

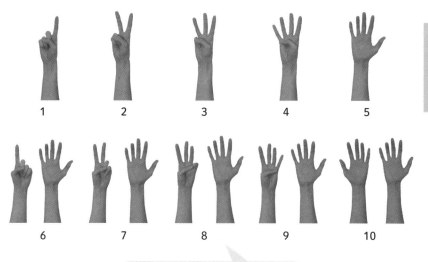

One, two, three, four, five,
six, seven, eight, nine, ten.

会話例

- Monday is the first, Tuesday is the second, so Wednesday is the third.（月曜日が 1 日で火曜日が 2 日だから、水曜日は 3 日ね）

- I'd like to make a dinner reservation. It'll be Mary, Elizabeth, Ben, Peter, Tom, and myself.（ディナーの予約を入れたいのですが。メアリー、エリザベス、ベン、ピーター、トム、それに私［の 6 人］です）　※指折り数えながら

- A: How many nephews do you have?（甥御さんは何人いるの？）
  B: Well, I have one... two... three... four nephews.（ええと、1 人…2 人…3 人…4 人だね）

- A: How many people are here from Tokyo?（この中で、東京出身者は何人？）
  B: Well, one... two... three... four... five.（ええと、1 人…2 人…3 人…4 人…5 人だね）

日本の1～10の数え方

　日本では、「指折り数える」という表現があるとおり、親指から順に1本ずつ指を折って5まで数えます。6以降は小指から折り返す数え方を使用します（他の数え方もあります）。この方法を使うと、片手だけで10まで数えることができます。非常に便利な数え方ですが、実はこのハンドジェスチャーは、世界では珍しい部類に入ります。

　その他、大きい数字に関して、10,000を「1万」という単位で読むのも、世界的には少数です。英語では3桁の「1,000」が単位になるので、10,000をten thousand（1000が10個）、100,000をone hundred thousand（1000が100個）というように読みます。

他の国々での1～10の数え方

　米国では、日本と異なり、両手を使って数えます。まず、軽く握りこぶしを作り、人差し指を立てて「1」、中指を立てて「2」、薬指を立てて「3」とし、「5」でじゃんけんの「パー」を作り、6以降はもう一方の手で同じことを繰り返すのが一般的です。英国では、左手の親指から1、2、3…と数える方法が一般的です。左手の親指を開きながら右手の人差し指で親指の第一関節か指先の内側を軽く触れて指し示し「1」、左手の人差し指の第一関節あたりに触れて「2」、同様に中指に触れて「3」…という数え方もあるそうです。多少バリエーションの違うやり方をしても、驚かれることはないと思います。

　ドイツやフランスなどでも、英国と同じように握りこぶしから親指を立てて「1」とし、次に人差し指を立てて「2」とし、中指を立てて「3」と数えます。フィリピンでは、小指が「1」になるそうです。中国や台湾は、人差し指から数えていきますが、「6」は「アロハ」に似た形（親指と小指を除いて他の指を曲げる）になります。その他、一方の手の指をもう一方の指で折る（または広げる）国もあります。指を使った数え方は国によって全然違いますね。

coffee break

日本と米国とで異なる、お釣りの数え方

　レジで店員さんがお釣りを出してくれるときの数え方も、日本と米国では反対です。日本では、600円の買い物をして1000円札を出した場合、「100円、200円、300円、400円のお釣りです」のように100円ずつ数えます。一方アメリカでは、16ドルの買い物をして20ドル札を出した場合、「17、18、19、20ドル」と、はじめに出した20ドルに向けて1ドルずつカウントアップしていきます。なぜそんなややこしい数え方をするのかと思います。アメリカは紙幣のデザインも似ているし、硬貨には金額が印字されていないし、慣れない人には使いにくいでしょう。ただし最近はレジの画面にお釣りの金額が表示されるので、この数え方で渡されることは減っています。

関連表現

● A: How many bottles of wine should I bring?（ワインは何本持って行けばいいでしょうか？）

B: One, two... three should be enough.（1本、2本…3本あれば十分でしょう）

● A: How many classes are you taking this semester?（今学期、いくつクラスを取ってるの？）

B: One, two, three, four, five... six in total.（1つ、2つ、3つ、4つ、5つ…全部で6つですね）

● A: How many people are traveling with you?（一緒に旅行しているのは何人ですか？）

B: I'm traveling with 10 people.（10人です）

● A: How many candies are in the 16 oz box?（16オンス［約453g］の箱にキャンディーは何個入っていますか？）　※oz: オンス（重量の単位）

B: I believe there are eight.（確か、8個入っていると思います）

● A: Do you know how many people are coming to the party?（何人がパーティに来るか知っていますか？）

B: I think 20 people are coming.（20人来ると思います）

● A: How many of you have a car?（車を持っているのは何人ですか？）

B: Just two, John and I.（ジョンと私の2人だけです）

● A: How many candles do you need for the birthday cake?（バースデーケーキに必要なロウソクは何本ですか？）

B: 18, please.（18本お願いします）

● A: How many eggs are there in a carton?（1パックに何個の卵が入っていますか？）

B: There are 12.（12個入っています）

1

NGジェスチャー

2

国によって違う

3

男女で違う

4

日常生活

5

ビジネス

6

海外ではOK

7

日本独特

「お金」を示すサインの違い

日本 「お金」を表すのに、2本の指で硬貨の形を作る

角度を変えると、英語圏のOKサインと同じになる

キャッシュレスが進むアメリカ

coffee break

　大金を現金で持ち歩くことが推奨されないアメリカでは、普段から20ドル札程度しか財布に入れて持ち歩かない人が大勢います。大金を持ち歩くと盗難の危険が高まるし、クレジットカード社会なので、カードがあれば現金を持ち歩かなくてもよいからです。最近ではクレジットカードに加えて、Venmo（ベンモ）などの個人間送金アプリやFacebookなどを利用してお金のやり取りを行うことが普通になっています。ますますキャッシュレスが進んでいる印象を受けます。

1 ── NGジェスチャー

2 ── 国によって違う

3 ── 男女で違う

4 ── 日常生活

5 ── ビジネス

6 ── 海外ではOK

7 ── 日本独特

英語圏 「お金」を表すのに、指でお札を触るしぐさをする
親指、人差し指、中指をこすり合わせる（紙幣を数えるイメージ）

It's not free. You have to pay for it.
無料じゃない。お金がかかるよ。

会話例

- **This shirt is really expensive.**（このシャツは、本当に高い）
- **A: Do you want to go out for dinner?**（晩ご飯を食べに行かない？）
  B: I can't. I don't have any money.（お金がないから、行けないよ）
- **A: Why did you cancel your trip to Kyoto?**（どうして京都行きの旅行をキャンセルしたの？）
  B: I didn't have enough money.（お金が足りなかったんだよ）

日本では、「お金」を表すのに2本の指で硬貨の形を作る

　日本では、お金を表すときに、親指と人差し指で丸く「硬貨」を作ります。本書の写真のように構えると「お金」という意味になりますが、角度を変えて中指から小指までを丸印よりも上にすると、ご存じのとおり、英語圏で使われているOKの意味になります。

英語圏では、「お金」を表すのに指でお札を触るしぐさをする

　英語圏では、「お金」を表すときに、親指、人差し指、中指をこすり合わせてお札を触るようなしぐさをします。「お金」「現金」というだけでなく、値段が張るものを「高い」と言いたいときにも、このジェスチャーを使用します。p. 57のしぐさは片手ですが、強調したいときには両手でこのジェスチャーをする場合もあります。韓国の「指ハート」に似ているとも言われますが、指ハートは親指と人差し指のみで「V」を作る感じなのに比べて、英米の「お金」は、角度は気にせずに指をこすり合わせるのでちょっと違います。なお、フランスでも、「お金」を意味するときに指をこすり合わせるということですが、その場合、中指は使わないそうです。国によって微妙にしぐさが違うのは、面白いですね。

coffee break

「妻が財布のひもを握る」は、日本独特の習慣

　英語圏では日本のように、夫が給料を全部家に入れ、妻が家計を管理するという習慣がありません。妻が財布のひもを握っており、夫が妻からお小遣いをもらうという話も、ほとんど聞きません。妻が家計簿をつけるという習慣もないので、年末に家計簿が雑誌の付録になることもありません。日本では、夫婦が運命共同体のように財産を管理することも多いようですが、一方で銀行の口座を共同名義で開設できないのは、不思議だと思います。英米では、夫婦共同名義で口座を開設することができますが、妻が財産を一手に管理するということは稀です。

　（ただし、日系の家庭などは日本の習慣を続けていることもあるので、皆無とは言い切れないと思います）

1 NGジェスチャー / 2 国によって違う / 3 男女で違う / 4 日常生活 / 5 ビジネス / 6 海外ではOK / 7 日本独特

関連表現

- **I wish I could come with you, but I don't have any money.**（一緒に行けたらいいと思うけど、お金がないんだよ）
- **Can I pay in cash?**（現金で支払ってもいいですか？）
- **The project got canceled because of a money problem.**（プロジェクトは、お金の問題のために中止になった）
- **I decided to go to a public university because it's cheaper than a private university.**（私立大学よりも安いので、公立大学に行くことにした）
- **I make my own lunch every day in order to save money.**（節約のために、毎日弁当を作っている）
- **I had better not go to the party. It's going to cost too much.**（パーティには行かないほうがよさそうだ。高くつきそうだからね）
- **Do you have enough money?**（お金は十分ある？）
- **I ran out of money.**（お金を使い果たしてしまった）
- **Gas in Japan is twice as expensive as in the US.**（日本ではガソリンは米国の2倍の値段だ）
- **I can't believe how outrageous rent is in New York.**（ニューヨークでこんなに家賃が高いなんて、信じられない）　※outrageous: 法外な、とんでもない
- **Airplane tickets are really expensive during the holiday season.**（休暇シーズン中は、飛行機のチケットがとても高い）
- **You shouldn't carry too much cash with you when you go out.**（外出時は、あまり現金を持ち歩かないほうがいい）
- **I left my wallet at home. Could I borrow 10 dollars so I can take the bus home?**（財布を家に置いてきてしまった。バスで帰れるように、10ドル貸してもらえませんか？）
- **A: Why is she dating such an old man?**（彼女、なんであんな高齢の男性とデートしているの？）
  B: He's got money.（お金持ちなんだよ）

OK サイン

日本 ▶ **日本で使われる「○」サイン**

「いいです」「大丈夫です」を意味するジェスチャー。

日本独特

日本・英語圏 ▶ **日本と英語圏の両方で使われる OK サイン**

日本では「大丈夫」「了解」の意味でのみ

使われる場合がほとんど

---

coffee break

「○」と「×」の日本と英米での違い

　アメリカの大学に留学して間もない頃、テストの答案が返って来たときに、おなじみの「○」がほとんどなく「✓」が多いのにびっくりしたことがありました。「✓」が「正解」を表し、「○」が間違いを表すとわかって、ほっと胸を撫でおろした記憶があります。日本の答案用紙は、几帳面に1つひとつ「○」「×」がつけられていますが、アメリカの答案は、正解の場合は何も書かれておらず、間違いのみが指摘されているものも多く、慣れるまでちょっと寂しい思いをしたものです。アメリカで日本語を学習している学生の満点の解答用紙に「花丸」を書いてあげたとき、もの珍しそうな、嬉しそうな顔をしていたことを思い出します。

1 NGジェスチャー

2 国によって違う

3 男女で違う

4 日常生活

5 ビジネス

6 海外ではOK

7 日本独特

英語圏 **英語圏では、親指を立てる OK サイン（thumbs up）も使われる**

「いいね！」と絶賛したいときには、親指を立てる

動画あり

Okay, let's go there for lunch.
じゃあ、ランチはそこへ行きましょう。

会話例

- **Yes, I passed the test!!**（うん、試験、合格だったよ！）
- **Yes, I can come at 10 tomorrow!**（ああ、明日10時に行けるよ！）
- **Okay, tomorrow at 10 am!**（じゃあ、明日の朝10時に！）
- A: **How did you like that airline?**（あの航空会社、どう思った？）
  B: **It was awesome. I would recommend it.**（最高だったよ。お勧めだよ）
- A: **How was your vacation?**（休暇はどうだった？）
  B: **It was great.**（すばらしかったよ）

日本で使われる「○」サイン

　「いいえ」についての説明（p.68）でも解説しますが、英語圏では試験の採点のとき、「正解」に「X」や「✓」を使い、間違えた箇所に「○」を使用します。日本と用法が逆転しているわけですね。また、日本人なら「○」をつけるところにXや✓マークがついていることもあります。なので、頭の上で「○」を作って「オッケー」「合格」「いいよ」などの意味を表すのは、日本特有です。わかりやすくてかわいいと思いますが、海外では使用されません。

日本と英語圏の両方で使われるOKサイン

　日本で使われるOKサインは、「大丈夫」「問題ない」「オーライ」（=all right, alright）という状況が多いですが、「了解」という意味で「オッケーです」と言うこともありますね。英語圏では、OKのサインは「承認」「同意」「了解」「大丈夫」などの意味があります。ダイバーが水中で使うハンドサインとしても有名です。ただし、フランスでは数字の「ゼロ」を表し、「無能」「役立たず」などの意味で使われることもあるので、注意が必要です。ブラジルでも、このサインはタブーとされているそうです。

　英語でのOKは、日本のように「すべてが順調」という前向きの意味で使われる場合と、「まあまあ」という意味でやや否定的に使われる場合があります。否定的なことを言いたくないけれど、すばらしい印象を持てなかった場合にもIt was OK.のように使います。なるべく否定表現を使わずに言い表そうとするのが、英語流の婉曲表現と言えます。

coffee break

OK と okay

　今回、本書を書くにあたり、若い人たちの言い回しもご紹介したいということで、20代のアメリカ人英語ネイティブにも校正をお願いしました。今の若い人たちはメッセージのやり取りが盛んで、OMG（oh my God/gosh）以外にも、tbh（to be honest）、ofc（of course）、btw（by the way）、idk（I don't know）などの略語を使う人も多いのですが、そんな中にあって、OKに関しては、なぜかokayとわざわざ書く人が多いことに気づきました。尋ねてみたところ、OKは年配の人が使うことが多い印象があるそうです。また、途中で気を悪くしたときにも、急にメッセージがokayからOKに変わったりすることがあるそうです。もちろん個人差もあるでしょうが、若い人たちが、他の省略表現を短く書くことに抵抗がないのに、OKをそのまま使うことに躊躇するというのは面白いと思いました。

1
N
G
ジェスチャー

2
国によって違う

3
男女で違う

4
日常生活

5
ビジネス

6
海外ではOK

7
日本独特

　なお、ご参考までに、2019年10月には名誉毀損防止組合（ADL）のヘイトシンボルデータベースに「OK」サインが追加されました。白人至上主義の意味で使われることがあることが確認されたからだそうです。OKサインは今後、注意が必要になってくる可能性があります。（ADLは反ユダヤ主義に対抗するためのユダヤ人団体。米国ニューヨークに本部がある）

英語圏では、親指を立てるOKサイン（thumbs up）も使われる

　SNSのFacebookで、「いいね！」（Like）に、親指を立てたアイコンが表示されることにお気づきの方も多いでしょう。これが英語圏でよく使われる、もう1つのOKサインで、「気に入った」「すばらしい」という意味です。さらに大絶賛したい場合は、両手の親指を立てて強調します。これは、two thumbs upとも呼ばれます。逆に気に入らないときは、親指を下に向けます。これがthumbs downで、映画や野球の試合などでブーイングの意味で使われます。映画評論家は、映画を激賞するとき、見出しにTwo thumbs up!!などと書いたりします。

OKサインと共に使う表現

- **Yes, your answer is correct.**（はい、正解です）
- **Yes, I made it to my flight on time.**（はい、飛行機に間に合いました）
- **Yes, you can come to the party with me.**（ええ、一緒にパーティに来てもいいわよ）
- **Yes, we still have a few more seats. You're welcome to come.**（はい、まだ座席が少し残っていますから、どうぞおいでください）
- **Yes, I'm available later tonight.**（今晩遅くなら、時間あるよ）
- **A: If you're going to buy coffee, will you get me one?**（コーヒーを買いに行くなら、私の分も買って来てくれない？）
  B: Okay, sure!（もちろん！）
- **A: Could you do me a favor?**（お願いがあるんだけど）
  B: Okay, what is it?（オッケー、何？）
- **A: I'm sorry I'll be a bit late.**（ごめんなさい、ちょっと遅れます）
  B: Oh, okay.（あ、了解です）
- **A: How was the test?**（テストどうだった？）
  B: It was okay.（まあまあだったよ）
- **A: How did you like the show?**（あの番組の感想は？）
  B: It was just okay.（そこそこだな）
- **A: How are you doing today?**（今日はいかがお過ごしですか？）
  B: I'm okay.（まあまあです）　※あまり良くないという意味

アメリカン・ドリームはどこへ

coffee break

　アメリカと言うと、「アメリカン・ドリーム」という言葉に象徴されるとおり、快活で楽観的な印象があります。しかし最近では、残念なことに、アメリカでも白人を中心とした「絶望死」が増えているそうです。経済格差や戦争などの理由以外にも、グローバリゼーション政策によって、自分の仕事が海外に流出し、失業の憂き目にあっている人、「多様性」の推進により、マイノリティ（少数派）が尊重され、結果として逆差別を受けていると感じるようになった人など、さまざまな要因があるそうです。その影響で、平均寿命も低下しているという話を聞きます。政治的な意見は差し控えますが、「アメリカン・ドリーム」はどこへ行ってしまったのかと思うと、心が痛みます。

thumbs up と共に使う表現

● **A: How was the baseball game yesterday?**（昨日の野球の試合はどうだった？）

　B: It was amazing. My favorite team won.（すごかったよ。お気に入りのチームが勝った）

● **A: How was your birthday?**（誕生日はどうだった？）

　B: It was fantastic. All my friends came.（すばらしかった。友達がみんな来てくれたよ）

● **A: How was your dessert?**（デザートのお味は？）

　B: It was out of this world.（この世のものとは思えないほど絶品だったよ）　※やや大げさな表現

● **A: How was your trip to Japan?**（日本旅行はどうだった？）

　B: Kyoto was really beautiful.（京都は本当に美しかったよ）

● **A: How was the musical?**（ミュージカルはどうだった？）

　B: It was phenomenal.（すばらしかったよ）

1　NGジェスチャー

2　国によって違う

3　男女で違う

4　日常生活

5　ビジネス

6　海外ではOK

7　日本独特

日本 ▶ 手を横に振るしぐさは、英語圏では「臭い」という意味

手を振るのは、「ノー」と言うのが苦手な日本人特有のジェスチャー

「×」印の文字は、英語圏では

「○」の意味で使われることがある（書き言葉）

1
NGジェスチャー

2
国によって違う

3
男女で違う

4
日常生活

5
ビジネス

6
海外ではOK

7
日本独特

英語圏 no には「いいえ」と「ダメ」の 2 種類のジェスチャーがある

片手を前に出すことで「制止」の意味になる

A: Do you want milk in your coffee?
コーヒーにミルクを入れますか？

B: No, thank you.
いいえ、結構です。

人差し指を左右に振る「いいえ」は、目下の相手にのみ使って OK

No, don't run in the house.
ダメ、家の中で走ってはいけません。

会話例

- **No, you can't park here.**（いいえ、ここには駐車できません）
- **No, you can't drink if you're going to drive.**（ダメ、運転するなら、飲んではいけません）
- **No, you shouldn't go out alone this late at night.**（ダメ、こんなに夜遅くに、1 人で外出するんじゃない）
- **No, you can't have dessert first.**（ダメ、デザートを先に食べちゃいけません）

手を横に振るしぐさは、英語圏では「臭い」という意味

　日本人は、「いいえ」と言いながら、顔の前で手をひらひらと振りますね。このジェスチャーは、英語圏では状況によって、何かが「臭い」「臭う」と勘違いされることがあるので気をつけましょう。また、両手でバッテンを作る「いいえ」も、日本独特です。そもそも「×」印は、文字で書いた場合、英語圏では記入用紙や答案の採点で「該当」「正解」を意味する記号として使われることがあります（拙著『写真で見る　看板・標識・ラベル・パッケージの英語表現』でも取り上げています）。「バツ」「ペケ」という意味ではないので、混乱を招く恐れがあります。日本語学習者に日本の「〇」「×」について教えると、欧米と異なるため、面白そうに聞いています。

noには「いいえ」と「ダメ」の2種類のジェスチャーがある

　英語圏で「いいえ」と言うときの最も一般的な方法は、口ではっきりと「ノー」と言うことです。しぐさも、首を横に振るジェスチャーぐらいです（これは日本と同じなので、写真で紹介していません）。ただし、英語のnoは、「いいえ」だけでなく、「ダメ」という禁止の意味でも使われることがあります。

　「ダメ」という意味で使う場合、2つのジェスチャーがあります。1つは手のひらを突き出して、「ストップ」のようなサインを作る方法。もう1つは、人差し指を立てて細かく手を左右に振る方法です。人差し指を立てて細かく振る「ダメ」は、親が子どもを叱るときのような、「こらこら」「ダメダメ」と言った「上から目線」の印象を与えます。失礼になりかねないので、目上の相手には使わないように注意してください。

関連表現

「いいえ」のno

- No, not today. It's happening tomorrow. (いや、今日じゃなく、明日のことです)
- No, I can't eat meat. I'm vegetarian.(いいえ、お肉は食べられません。ベジタリアンなんです)
- No, you can't use credit cards at this store. (いいえ、このお店では、クレジットカードは使えません)
- A: Would you like more water?(もう少し、お水はいかがですか？)
  B: No, I'm good. Thank you, though. (いえ、結構です。お気遣いありがとうございます)
- A: Is this 5th street?(ここは5丁目ですか？)
  B: No, this is 4th street. (いいえ、ここは4丁目です)
- A: Would you like a sample?(試食しませんか？)
  B: No, thank you. (いいえ、結構です)
- A: Would you like wasabi on your sushi?(お寿司にワサビをお入れしましょうか？)
  B: No, thank you. My kids will eat some too. (いいえ、結構です。子どもも食べますから)

「ダメ」のno

- No, don't smoke in here. There is no smoking in bars and restaurants. Please refrain from smoking. (いや、ここではタバコを吸わないでください。バーやレストランは禁煙です。喫煙はご遠慮ください)　※There is no smokingは、no smokingが主語。数えられない名詞なのでThere isが正解 ※refrain from:〜を控える、遠慮する
- No, you can't bring beef jerky from the US to Japan. (いいえ、米国から日本にビーフジャーキーを持ち込むことはできません)
- No, you shouldn't eat raw eggs in the US. You might get sick. (いや、米国では生卵を食べないほうがいいですよ。病気になるかもしれません)
- No, you can't bring a camera into the concert. (いいえ、コンサートにカメラを持ち込んではいけません)
- No, please don't give my son coffee. He's still too young. (いや、息子にコーヒーを与えないでください。まだ小さすぎます)
- Don't enter the house with your shoes on. (靴を履いたままで、家に上がらないでください)
- A: Can I take a picture here?(ここで写真を撮ってもいいですか？)
  B: No, you can't. You need to get permission from a manager. (いいえ、店長の許可を取ってください)

日本語表現は、否定形の重複が多い

　日本人は、「ノー」と言うのが下手だとよく言われます。が、だからと言って、否定形をあまり使わないのかというと、そんなことはありません。むしろ、日本語の書き言葉には、「～しないのではないだろうか」「～しないではいられない」「～せずにはいられない」「～ざるを得ない」など、多くの否定形が盛り込まれています。ストレートな物言いに慣れている英語圏の日本語学習者が、複数の否定形が入っている日本語の文章の解釈に苦労しているのを見ると、改めて日本語は間接的な物言いが好きな言語だな…と気づかされます。「～がわからないと、わからない」などの表現の読解を手伝いながら、なぜ日本語は、「～がわかれば、～がわかる」という言い方よりも、否定形の言い方を好むのかな？…と、考えることがあります。

1

NGジェスチャー

2

国によって違う

3

男女で違う

4

日常生活

5

ビジネス

6

海外ではOK

7

日本独特

coffee break

英語は、禁止表現を回避する傾向が強い

　前のコラムにも書いたとおり、日本人は日常生活において、自らの口で「ノー」と言うのを避ける傾向があります。その一方で、「土足厳禁」「立入禁止」「追い越し禁止」などのような「XX禁止」表現を使った標語や立て看板は、日本全国に山ほど存在します。英語では、たとえば「芝生に入るな」と言いたいときに、「立入禁止」とは言いません。Keep off the grass.（芝生から離れていなさい）などのように、否定形や禁止表現を使わずに伝えようとします。以前放映された、『花子とアン』というドラマで、日本人の先生が「日本語を話してはいけません」と言う横で、英語ネイティブの先生がSpeak English. と言っていたこともありました。英語は日本語に比べて、ネガティブな表現を避けたがる傾向が強い気がします。

　Noという言葉を使わずに「立入禁止」を伝える英語表現。公園の花壇に立ち入ってほしくないので、遊歩道から離れないようにと警告しています。

手招きのジェスチャー

Track
10

日 本 日本の手招きは英語圏では違う意味に取られることがあるので、
振り方に注意

外側に強く振ると、追い払っているように見えることがある

coffee break

日本の「招き猫」は、海外では意味が知られていない

　　幸運や商売繁盛に効果があるとされる、日本の「招き猫」。欧米の日本食レストランや、居酒屋、日本風の雑貨店・土産物店などの入り口にも置かれているのを見かけることがあります。ただ、日本の「おいで」を知らないお客さんが大部分なので、英語圏の人は招き猫がなぜ手を上げてお客様を待ち構えているのか、その理由を知りません。「いらっしゃい」「おいで」の意味がある、と説明すると、喜ばれることがあります。なお、海外輸出向けに「現地化」して、手の向きが逆に作られている招き猫もあるそうです。面白いですね。

1 ─ NGジェスチャー

2 ─ 国によって違う

3 ─ 男女で違う

4 ─ 日常生活

5 ─ ビジネス

6 ─ 海外ではOK

7 ─ 日本独特

英語圏　**英語圏の手招きは、手の向きが日本と逆**

英米では、手のひらを上に向けて、しゃくるように手招きする（注：上司や目上の人にはやらない）

動画あり

Come here, I have to tell you something.
ここへ来て。話があるんだ。

会話例

● **Come here, sit next to me.**（ここへ来て、隣に座って）　※子どもなどに命令する場合

● **A: Where's the milk?**（牛乳はどこですか？）

　B: The milk is over there. Please come with me. I'll show you.（牛乳はあちらです。一緒に来てください。ご案内しますよ）

日本の手招きは英語圏では違う意味に取られることがあるので、振り方に注意

　日本で「おいで」というときは、手のひらを下に向け、上下に数回振ります。でも、日本の「おいで」の手の形で、外へ振るほうを強めに振ると、英語圏では「もう帰って」「バイバイ」「シッシッ」のような、追いやる・追い払うという意味に取られることがあります。もちろん表情を見れば、追い出そうとしているのではないことはわかりますが、英語圏で日本式の手招きを使うときは、外へ振るほうを弱く振るように注意してください。

英語圏の手招きは、手の向きが日本と逆

　英語圏で「おいで」というときは、手のひらを上に向けて、4本の指を自分側にしゃくるように折り曲げます。人差し指1本をクイクイっと曲げることもありますが、その場合は、とてもくだけた印象になります。確実に失礼のないようにしたいときは、指を揃えて手招きしましょう。その他、列に並んでいるときに、店員さんに呼ばれたり、警察や監督など権限を持つ人から「来い」と呼ばれたりするときには、相手が手招きをしながら、あごをしゃくったり首をかしげる動作をすることもあります（主に男性に多い）。日本でこのような態度を取ると、生意気な印象を与えるかもしれませんね。

日本語で「ちょっと失礼します」と言う状況で、英語では「戻ります」と言う

coffee break

　途中で中座しなければならない場合、日本語だと「ちょっと失礼します」と言って席を外すと思います。そんなとき、英語ネイティブは、I'll be right back.（すぐに戻ります）という言い方をよく使います。I'll be back.という表現は、映画『ターミネーター』で有名になったので、聞き覚えがある方も多いと思います。日本語では、自分が立ち去ることに焦点が置かれているのに対して、英語では、相手の立場に立って「戻ります」という言い方をするんですね。視点の差が感じられて興味深いです。教授のオフィスを訪ねているときに中座の許可を取りたい場合なら、I'll be back.と言って、その前にMay I be excused?（失礼して中座してもよろしいでしょうか）などと付け加えることもあります。これはかなり改まった表現になります。

　その他、日本語なら「今、そちらに行きます」と言うような状況で、英語はI'm coming.と言います。ジェスチャーだけでなく、言葉も正反対になっているのですね。また、「着いたよ」と言いたいときはI'm here.と言います。

関連表現

- **Come here, I got you a sandwich too.**（こっちへ来て。あなたにもサンドイッチを買ったよ）
- **Come on in. Have a seat.**（ああ、中へ入って。かけて）　※教授や医師、弁護士などのオフィスを訪ねたときに先生からかけられる言葉
- **Come this way. Your seat is over here.**（こちらへどうぞ。あなたの座席はこちらです）　※座席指定がある場所に案内してもらった場合にかけられる言葉
- **Over here. This register is open.**（こちらへどうぞ。こちらのレジは空いていますよ）　※スーパーのレジ待ちで並んでいるとき、店員さんからかけられる言葉　※register: レジ
- **Come over here.**（こっちへおいで）　※遠くから手招きして呼ぶ場合
- **Why don't you come with us?**（一緒に来ない？）
- **Come over for a drink.**（一杯飲みにおいでよ）
- **Why don't you come visit me in Japan?**（日本に遊びに来れば？）
- **You can stay with me when you come to Japan.**（日本に来たときに、うちに泊まってもいいよ）
- **I can come pick you up at 8.**（8時になら車で迎えに行けるよ）
- **Would you like to come to my house?**（うちにいらっしゃいませんか？）
- **If you're interested in the event, you're welcome to come.**（このイベントにご興味があったら、どうぞいらしてください）
- **I've got the flu. You shouldn't come near me.**（インフルエンザにかかっているから、近づかないほうがいい）　※flu: インフルエンザ（「フルー」と発音）
- **Come back and see us.**（また会いに来てね）

「私」を指すときに鼻や顔を指す日本、胸を指す英語圏

日本 「私」を指すときは、鼻や顔を指す

人差し指で鼻の頭や顔を指すのが日本流

coffee break

Iという言葉は、日本語での訳出が難しい

　英語では、一人称（自分自身を指す言葉）を表すときにIという言葉しかありません。しかし日本語は、「私」「僕」「俺」「あたし」など、実にさまざまな一人称があります。文芸作品や映画などを翻訳するとき、どの言葉を選ぶかによって主人公の印象が大きく変わってくるので、英日翻訳者は責任重大です。年齢、職業、学歴、家庭や周囲の環境などを考慮することは当然ですが、場合によっては、性同一性障害など、簡単に「男」「女」で括れないこともあります。英語で「私」について考えるときは、性別の違いを意識しませんが、日本語では本人が一人称を選ばなければいけません。これは文化の違いとして、とても興味深いと思います。

英語圏 「私」を指すときに、英語圏では胸を指す

指で胸を指すか、片手を腕に当てる

Oh, he was talking to ME, not you.
あら、あの男性はあなたじゃなくて、私に話しかけていたのよ。

会話例

- **A: Are you talking to ME?**（私に向かって話しかけてるの？）
  B: Yes, I'm talking to YOU.（そう、あなたに話しかけてるんだ）
- **A: Does anyone want the last cookie?**（最後のクッキー、ほしい人いる？）
  B: I do!（私、ほしい！）

1　NGジェスチャー

2　国によって違う

3　男女で違う

4　日常生活

5　ビジネス

6　海外ではOK

7　日本独特

日本で「私」を指すときは、鼻や顔を指す

　日本では、「私のこと？」などと言いたいときに、人差し指で自分の鼻の頭、または顔を指します。何気なくやっているこのジェスチャーですが、これは日本独特です。英語圏でこの動作をしても、「？」と思われるか、違和感を与える可能性があります。また、状況によっては、指で鼻を指すしぐさが、やや子どもっぽいと思われることもあります。

「私」を指すときに、英語圏では胸を指す

　英語圏で「私」と言うときは、親指か人差し指で自分の胸を指します。一説によると、これは胸には魂が宿ると考えられているからだそうです。通常は、人差し指を使うのが一般的ですが、「それは私です」「私のです」などと、「自分」を強調したい場合や、さらに強い印象を与えたいときには親指を使います。（自分を指すのはともかく、他のものを指さしてどうこう言うことは、いい印象を与えません。）ちなみにドイツなどでは、「自分」を表すのに、手のひらを胸に当てるそうです。アメリカでは、国歌斉唱のときに手のひらを胸に当てますが、この場合は肘を横に突き出すので、やや異なったジェスチャーとなります。

coffee break

電話に出て、「私（本人）です」と言うときの表現

　日本語では、自分宛に電話がかかってきたときに、「○○様はいらっしゃいますか」「私です」というやり取りをします。でも英語では、こういうときにはIt's me.とは言いません（電話を取った人でなく、電話をかけた相手が「もしもし、オレだけど」のように知らせる場合にはIt's me.を使います）。「ご本人様でいらっしゃいますか」と聞かれて、その答えとして「自分だ」と答えるときは、Speaking.とかThis is John.などのように答えます。少し年配の世代は、This is he/she.と言うこともあります。me（私）は使わないので、ご注意ください。

関連表現

- **Guess who got hired? I did.**（雇われたの、誰だと思う？　私だよ）
- **You like ramen? Me, too!**（ラーメンが好きなの？　私も！）
- **A: Whose book is this?**（これは誰の本？）

  B: That's mine.（私のです）
- **A: Who wants to go to the hot spring with me?**（私と一緒に温泉に行きたい人は？）

  B: I do!（私、行きたい！）　※hot spring: 温泉
- **A: Who said that they didn't like broccoli?**（ブロッコリーが嫌いだって言ってたの、誰だっけ？）

  B: I did.（私だよ）
- **A: Who wants coffee?**（コーヒーがほしい人、誰？）

  B: I do, please.（私、お願いします）
- **A: Who made this pie? It's really good.**（誰がこのパイを作ったの？　とてもおいしいね）

  B: I did.（私が作りました）
- **A: Who left this cell phone here?**（ここに携帯電話を置き去りにしたの、誰？）

  B: I did. That's mine.（私です。それは私のです）
- **A: I went to the bargain sale yesterday.**（昨日、バーゲンに行ったよ）

  B: Oh, I did, too!（あら、私も！）
- **A: Who is the vegetarian here?**（ここでベジタリアンは誰？）

  B: I am.（私です）
- **A: Who needs a ride?**（車に乗せてもらいたい人は？）

  B: I do.（私です）

1　NGジェスチャー

2　国によって違う

3　男女で違う

4　日常生活

5　ビジネス

6　海外ではOK

7　日本独特

謝罪の仕方

日本 日本人は、「ごめんなさい」と手を合わせる

「手を合わせる」謝罪は、英語圏では宗教的な印象を与えるので注意

coffee break

謝罪で Excuse me と I'm sorry の
どちらを使えばいいか、わからないときは？

英語学習者の中には、Excuse me. と I'm sorry. の使い分けがわからないという方が結構います。ざっくりとした目安として、①Excuse me. は「ちょっと失礼、すみません」など、注意を喚起するときや、よけてほしいときに使います（ただし、レストランでウェイターさんを呼ぶときに、大声で Excuse me. と呼ぶのは失礼なので注意）。②I'm sorry. は、「申し訳ありません」など、丁重に謝罪したいときに使うといいでしょう。ただ、どちらを使っても問題ない場合もあります。どちらを使ってよいかわからないときは、I'm sorry. を使っておくと間違いがないそうです。

1

N Gジェスチャー

2

国によって違う

3

男女で違う

4

日常生活

5

ビジネス

6

海外ではOK

7

日本独特

英語圏 **英語圏では「ごめんなさい」と言って、目を伏せるだけ**

手を合わせたりお辞儀をしたりせず、目だけ伏せる

I'm sorry I was so rude.
ごめんなさい、失礼でした。

ぶつかって謝るときの「ごめんなさい」

うっかり誰かにぶつかってしまったときの謝り方

動画あり

David: Oh, oh my gosh, I'm so sorry. Are you okay?
ごめんなさい、大丈夫ですか？

Victoria: I'm okay, it's okay.
大丈夫。いいのよ。

会話例

- **I'm sorry, I didn't know that you were sick.**（あなたが病気だなんて、知らなかった。ごめんなさい）

- **I'm sorry, I didn't mean to bump into you.**（ごめんなさい、ぶつかるつもりはなかったんです）
  ※bump into: 〜にぶつかる、鉢合わせする

- **I'm sorry, I didn't see you.**（ごめんなさい、あなたが見えなかった）

- **I'm so sorry that my son spilled your coffee. I'll buy you another one.**（息子がコーヒーをこぼしてしまって本当にすみません。代わりのコーヒーを買いますね）

1
────
ＮＧジェスチャー

2
────
国によって違う

3
────
男女で違う

4
────
日常生活

5
────
ビジネス

6
────
海外ではＯＫ

7
────
日本独特

解　説

日本人は、「ごめんなさい」と手を合わせる

　日本では謝るとき、顔の前で両手を合わせますね。でも英語圏では、このジェスチャーは宗教的な印象を与えてしまいます。

　タイなどアジア圏の他の国でも挨拶のときに、このように手を合わせますが、西欧では「日本人も手を合わせる」というステレオタイプがなぜか浸透しているらしく、日本人の真似をするつもりで、挨拶のときに手を合わせる人がいます。また、日本の文化になじみのある英語ネイティブの中には、日本人を真似て手を合わせようとする人もいますが、その場合も顔の前ではなく胸の前で手を合わせることが多いです。

英語圏では「ごめんなさい」と言って、目を伏せるだけ

　一般に英語ネイティブは、謝るときには目を伏せるのが普通です。「頭を下げること」イコール「謝罪すること」という概念がないので、頭を下げることはありません。また、頭を深く下げるほど謝罪の意識が強い、という理解もありません。日本人だと謝罪のときに、自然に頭を下げてしまいますが、英語ネイティブが頭を下げないからといって、謝罪の気持ちが弱いわけではありません。ジェスチャーのモデルのヴィクトリアさんによると、目を伏せる状況というのは、1）罪悪感を覚えている場合　2）話し相手に惹かれている場合　3）怯えている場合、の3つだそうです。

英語圏でぶつかって謝るときの「ごめんなさい」

　英語圏では、うっかりぶつかったときの定番フレーズはI'm sorry. です。Sorry. / Sorry about ('bout) that. などのバリエーションもあります。Excuse me. と言う人もいますが、I'm sorry. が圧倒的に多いです。日本人と比べると、圧倒的に謝罪の言葉が少ないと言われるアメリカ人ですが、こういう場合はI'm sorry. がほとんどです。(→p. 80 コラム参照)

- **I'm sorry, excuse me. Can I get behind you?**（ごめんなさい、すみません。後ろを通らせて いただけませんか？）
- **I'm sorry, I didn't hear you.**（すみません、聞こえませんでした）
- **I'm sorry, can you tell me where the bathroom is?**（申し訳ありませんが、お手洗いがどこ にあるか教えていただけませんか？）
- **I'm sorry?**（もう一度お願いします） ※聞き返す場合
- **I'm sorry I'm late. The traffic was terrible.**（遅くなってごめんなさい。渋滞がひどかったん です）
- **I'm sorry, I didn't mean to hurt you.**（ごめんなさい、傷つけるつもりはなかったんです）
- **I'm sorry I couldn't make it to the meeting.**（ミーティングに間に合わなかった。ごめんな さい）
- **I'm sorry, I didn't mean to cause you such an inconvenience.**（すみません、そんなにご 迷惑をかけるつもりではありませんでした）
- **I'm sorry that I missed the deadline.**（締切に間に合わなくて、ごめんなさい）
- **I'm sorry that I did not get back to you sooner.**（もっと早くお返事できなくて、ごめんな さい）
- **I'm sorry, I don't remember your name.**（ごめんなさい。お名前を忘れてしまいました）
- **I'm sorry, I didn't know that you were sleeping.**（ごめんなさい、あなたが寝ているとは知 らなかった）
- **I'm sorry, I called the wrong number.**（すみません、間違い電話をしてしまいました）
- **Better safe than sorry**（諺：転ばぬ先の杖）

1

NGジェスチャー

2

国によって違う

3

男女で違う

4

日常生活

5

ビジネス

6

海外ではOK

7

日本独特

coffee break

謝るよりも、Thank you.を好む英語ネイティブ

　日本語では、「申し訳ありませんが、よろしくお願いします」「ごめんなさい」「すみませんが」など、冒頭に謝罪の表現を用いることが多いです。こんなとき英語ネイティブは、日本人が謝る状況で、Thank you.を代わりに使うことがよくあります。たとえば日本人が「すみませんがよろしく」と言う状況で、英語ネイティブは、Thank you very much in advance.などと表現します。同様に、「お待たせしてすみません」はThank you for waiting.（お待ちいただいてありがとう）になります。このような発想の違いを頭に入れておくと、自然な英語表現が出て来やすくなります。

手を叩いて笑う日本、
胸を叩いて笑う英語圏

Track
13

日本 ▶ 大ウケしたときに、手を叩いて笑う / 喜ぶ

日本と英語圏のユーモア感覚の違い (1)

coffee break

　日本とアメリカで暮らしていて、日本と英語圏ではユーモア感覚が違うなあ、と思うことが
あります。英米は、大統領ネタなど、その時々の社会現象や政治問題をパロディにするものが多く、
社会情勢がわかっていないと理解できないものが多いようです。一方、日本ではウケるのに、英
語圏であまり好感度が高くないのは、自虐ネタです。筆者自身も何度か、日本では笑ってもらえ
た自虐ネタをアメリカで披露しようとしたことがありますが、すべってばかりでした(汗)。レディ
ファーストのお国柄なので、笑っては私に失礼だと思われたのかもしれませんが…(英米のレディ
ファーストは、本当に徹底しています)。謙遜が美徳とされる日本では、自虐的なことを言っても、
謙虚さの延長として好意的に受け入れてもらえますが、英語圏ではそうは行かないのかもしれま
せん。自虐ネタを披露しても、「目のやり場に困る」という表情をされることが多いです。よっぽ
ど気心の知れた相手以外は、自虐的な冗談を言わないほうが賢明かもしれません。

1
NGジェスチャー

2
国によって違う

3
男女で違う

4
日常生活

5
ビジネス

6
海外ではOK

7
日本独特

英語圏 英語圏では、胸を手に当てて笑う / 喜ぶ

動画あり

Oh my gosh, that was so funny!
うわー、あれは本当におかしかった！

会話例

● **That was absolutely hilarious!**（あれは、実に笑えたね！）　※hilarious: 笑える、愉快な

● **I can't stop laughing.**（笑いが止まらないわ）

● **Are you kidding?**（冗談でしょ？）

日本では、大ウケしたときに手を叩いて笑う／喜ぶ

　日本にもアメリカにも、「幸せなら手をたたこう」という歌がありますね。確かに日本の人もアメリカの人も、嬉しいと手を叩きます。日本では、何かを見て大ウケしたときに、大きく手を叩くリアクションが定番となっています。テレビでも日常生活でも、笑いながら手を叩く人をよく見かけます。英語圏でも手を叩いて喜ぶことはありますが、手を叩くのは、ウケたときではなく、「ラッキー！」「おめでとう！」「やった〜！」などと言うのがふさわしい状況（おめでたいことや喜ばしいことが起きたとき）です。叩き方も日本と比べるとずっと小さく、手を合わせるようにして細かく「パチパチ」と叩きます。

英語圏では、胸を手に当てて笑う／喜ぶ

　Laughter is the best medicine.（笑いは最良の薬）という英語の諺があるとおり、英米では、笑うことはいいことだと考えられています。快活に笑うことは、周囲を明るくし、困難をも笑い飛ばすための活力を与えてくれます。英語圏では、笑うことが歓迎されているため、女性でも、笑うときに口を覆うことはありません。クスクス笑うよりも、歯を見せて快活に笑うことが好まれます。笑い声がうるさい、という発想もありません。（→Chapter 6のp. 165の解説を参照）

日本と英語圏のユーモア感覚の違い (2)

coffee break

　英語圏のジョークで、日本と特に違うなあと思うのは、いわゆる大人向けのアニメで社会風刺が繰り広げられていることです。セレブや政治家、スキャンダルやゴシップで話題になっている「時の人」が、そのような番組でいじられます。イエス・キリストや聖人、サンタクロースなどが登場することもあります。日本では、有名人が本人役でアニメに出演することはあまりありませんし、あっても英語圏のようないじられ方をすることは少ないように思います。英米にはディズニーのように、子ども向けのアニメや子ども向けアニメ専門チャンネルももちろんあります。その一方で、『South Park』（サウスパーク）や『Family Guy』（ファミリー・ガイ）のように、風刺を目的とした大人向けのアニメや、『The Simpsons』（ザ・シンプソンズ）のような万人向けアニメもあるのが特徴的です。英米では、アニメは子どもかオタクが見るというイメージがありますが、このような大人向けアニメに関しては、英米では誰もが観ている印象です。

関連表現

- **I nearly died laughing.**（笑い死ぬところだった）
- **Don't make me laugh.**（笑わせないで）
- **What made that movie so funny?**（その映画のどこがそんなにおかしかったの？）
- **LOL**（Laugh Out Loud）　※日本語の「笑」に相当
- **His joke cracked me up.**（彼の冗談を聞いて、思わず笑い出しちゃった）　※crack up: ゲラゲラ笑わせる、大笑いさせる
- **I don't get American jokes.**（アメリカのジョークはわからない）
- **I was laughing my head off.**（私は大笑いしていた）
- **I laughed so hard my stomach hurt.**（笑いすぎて、おなかが痛くなった）
- **I remembered something that made me laugh.**（思い出し笑いしてしまった）
- **That joke was hysterical.**（その冗談は、笑いが止まらないほどおかしかった）　※hysterical: 笑いが止まらないほどおかしい
- **My joke didn't work.**（自分の冗談は、ウケなかった）
- **That joke was corny.**（その冗談は、陳腐だった）　※corny: 古臭い、陳腐な

1
NGジェスチャー

2
国によって違う

3
男女で違う

4
日常生活

5
ビジネス

6
海外ではOK

7
日本独特

日本独特のガソリンスタンドでの「オーライ」

　日本のガソリンスタンドに行くと、店員さんが元気に「オーライ、オーライ」を連呼しながら、お客さんの車を誘導してくれますね。元々は「大丈夫」という意味だったalrightが、今ではすっかり日本語として定着しています。あの「オーライ」は日本独特です。そもそも英米はセルフのガソリンスタンドがほとんどですし、親切に誘導してくれる店員さんもいません。日本に帰って来てガソリンスタンドに立ち寄り、「オーライ」を聞くと、ああ、日本に帰って来たなー、としみじみ思います。

形容詞が多い英語、形容詞が少ない日本語

　以前、英検の二次面接対策指導をしたときに、生徒さんについて、お母様から「Howで始まる質問（How was your weekend?など）をされると固まってしまう」と相談を受けたことがあります。考えてみると、英語という言語は、絶えず状況について評価・批評することが求められ、英語ネイティブはそれを形容詞で表現することに慣れているのでしょう。映画や書籍などのレビュー・サイトが発達したのも、常に評価することが習慣になっているためと考えると納得できます。そのため英語には、great, awesome, amazingなど、いろいろな形容詞がありますが、一方で日本語は物事を形容詞で考える習慣がないため、「すごい」ぐらいしか思いつかないのです。言語的にそのような発想がないため、答えに困るのは、ある意味当然なのです。形容詞の答えが思い浮かばないときは、I saw my friends.など具体的に何をしたかを考えておき、これを説明するという答え方で問題ありません。

Chapter 3

男女で違う
ジェスチャー

英語は日本語と比べると、性差の少ない言語です（同じ英語でも、イギリスはアメリカと比べると、性差が若干あります）。でも、男性／女性しか使わないジェスチャーやボディランゲージも、若干ではありますが、存在します。ここでは男性同士・女性同士でしか使わないジェスチャー・ボディランゲージや挨拶時の表現、好意を表す表現などを取り上げています。

日本人が苦手とする挨拶の表現についても、How are you?以外のさまざまなバリエーションや答え方をご紹介しています。

男性同士の挨拶【1】
通りすがりの軽い挨拶

Track 14

通りすがりに友人を見かけ、挨拶する場合

［立ち止まって軽く相手を引き寄せ、ハグする］

動画あり

David: Hey, how's it going, man?
よお、どうしてる？

Ken: Good, how about you?
元気だよ。君は？

David: I'm doing well, alright, see you around.
ああ、元気だよ。じゃ、またな。

Ken: See ya.
またな。

※ See ya. = See you. のくだけた形

1 NGジェスチャー

2 国によって違う

3 男女で違う

4 日常生活

5 ビジネス

6 海外ではOK

7 日本独特

解　説

男性同士の挨拶【1】通りすがりの軽い挨拶

　英語圏で友人関係にある男性同士が通りすがりに挨拶する場合、手を振って軽く、Hey（またはYo), what's up? などと挨拶します。What's up? の短縮形としてSup? (「ッァップ」と発音)が使われることもあります。一応は質問形式ですが、実際に本気で会話をする意図はないので、誰も立ち止まって聞いてくれません。真に受けて真剣に答えようとすると、誰も待ってくれないのでバツの悪い思いをすることがあります。受け答えの際には、Not much. とかI'm good. などと、簡単に返事をします。Not much, how are you? などのように、質問を返すこともできます。

関連表現

- **How's it going?**（どうしてる？）
- **Hey man/dude, how are you doing?**（よお、元気？）　※英国、オーストラリア、ニュージーランドなどでは、man/dudeよりもmateのほうがよく使われる
- A: **Hey, what's happening?**（やあ、最近どう？）
  B: **Nothing much. What about you?**（特に変わりないな。君は？）
- A: **What's up?**（どうしてる？）
  B: **Hey, what's up?**（やあ、どうしてる？）　※上記の質問に対して同じ言葉を返す返事の仕方
  A: **Pretty good.**（そこそこ元気だよ）

coffee break

質問形の挨拶では、やり取りを繰り返すことがある

　How are you? などで始まる挨拶は質問形を取りますが、実際に相手の体調を尋ねているわけではありません。気さくに声を掛け合っている感じです。そのため、スピード感がある日常の会話では、"How's it going?" "Good. How about you?" "Nothing much. And you?" など、掛け合い漫才のように、繰り返し、2往復ぐらい同じ質問をしてしまう（笑）光景もたまに見かけます。こういう状況になったとしても、うろたえる必要はありません。流動的に、適当に受け流しておくのが一番です。

男性同士の挨拶【2】
立ち止まる、カジュアルな挨拶

通りすがりに友人を見かけ、立ち止まって挨拶する場合

［相手の出方を見ながら、互いの手の平を叩いたり拳を突き合わせたり（fist bump）する］

動画あり

David: Hey, how's it going, man?
よお、どうしてる？

Ken: Good.
元気だよ。

David: See you around.
またな。

Ken: Yup, see ya.
ああ、またな。

※ Yup = Yesのくだけた形

1

NGジェスチャー

2

国によって違う

3

男女で違う

4

日常生活

5

ビジネス

6

海外ではOK

7

日本独特

解　説

男性同士の挨拶【2】立ち止まる、カジュアルな挨拶

　男性が通りすがりに友人を見つけ、立ち止まって挨拶する場合、さまざまなパターンがあります。最も一般的なのは、一歩踏み出してお互いの右手をがっちりと握り合う挨拶。親愛の情を表すときは、さらに近寄ってもう一方の手で相手を抱擁します。その他、high five（日本語では「ハイタッチ」と呼ばれる）」や、拳と拳を合わせる fist bump も見かけます。立ち止まって時間をかけて挨拶するからと言って、立ち止まらないときと比べて丁寧というわけではありません。ちなみにこの挨拶は、40歳ぐらいまでの男性の間で多く見られます。ご高齢の男性がこのジェスチャーを使っている光景は、ほとんど見かけません。

関連表現

● A: Hey, how's it going, man? （よう、どうしてる？）

　B: Good, what about you? （元気だよ。お前は？）

　A: I'm doing alright. What are you up to? （まあまあ元気だよ。今は何してるんだ？）

　B: Just school. （学校だけだよ）

　A: Oh yeah? Okay, cool. Are you free right now? （そうか。いいな。今は時間ある？）

　B: Yeah. （ああ）

　A: Do you wanna get some drinks? （飲みに行かないか？）

　B: Yeah, sure. （ああ、いいな）

　A: Okay, cool, let's go! （じゃ、行こうぜ！）

　B: Let's go! （行こう！）

coffee break

どのパターンの挨拶を使うかを決めるには

　立ち止まってハイタッチをする high five や、拳をつき合わせる fist bump には、いくつかパターンがありますが（pp. 96-97）、どの相手にどのパターンを使うかは、どうやって判断しているのでしょうか。ジェスチャーのモデルのデイビッドさんに聞いたところ、「相手の出方を見ながら決める」ということでした。相手がためらいがちかどうか、手をどのように出してくるかに応じて、対応を判断するそうです。状況を見ながらこちらの対応を変えるというのは、英語ネイティブでない日本人学習者にとっては、なかなかハードルが高そうに思えます（笑）。

カジュアルなその他の挨拶① High Five

1. 相手の目を見ながら右手を肩の高さまで上げます（5本の指をきちんと伸ばして、ハイタッチ
   をするつもりであることを相手に知らせるのがポイント）。
2. 相手の手のひらではなく、肘の部分に視点を合わせるほうが、うまくタッチできるそうです。
   Give me five（ハイタッチ）などと最初に言うのも、1つの方法です。

   他に、down low（ロータッチ）、left hanging（空振りさせる「レフトハンギング」）、too slow（レ
   フトハンギングさせて相手をからかう）などのバリエーションがあります。

coffee break

カジュアルなその他の挨拶②　Fist Bump

　胸の前で拳を作り、相手に向かって突き出します。その後、拳を90度ねじり、縦の拳を突き合わせる方法や、応用編として、お互いに腰をぶつけ合ったり、手を離してからヒラヒラと手を振る、などのバリエーションもあります。

　fist bumpは、握手やハイタッチにも飽きたら、ビジネスパーソンでもすることがあるというカジュアルな挨拶です。

1
NGジェスチャー

2
国によって違う

3
男女で違う

4
日常生活

5
ビジネス

6
海外ではOK

7
日本独特

女性同士の挨拶【1】
立ち止まらない、カジュアルな挨拶

Track 16

通りすがりに友人を見かけ、手を上げて軽く挨拶する場合

［手の振り方：片手で「パー」を作り、軽く1〜2回、小刻みに振る］

Victoria: Hi, how are you?
あら、元気？

Mika: Good! How are you?
元気よ。あなたは？

Victoria: I'm good!
元気よ。

Mika: Good!
よかった！

1 NGジェスチャー

2 国によって違う

3 男女で違う

4 日常生活

5 ビジネス

6 海外ではOK

7 日本独特

解説

女性同士の挨拶【1】立ち止まらない、カジュアルな挨拶

　女性同士の挨拶は、男性同士の挨拶に比べるとずっとバリエーションが少ないです。女性の友人に出会ったときは、笑顔で手を振り Hi! と挨拶します。男性同士の挨拶では、man や dude などの呼びかけが入ることがありますが、女性同士の挨拶では、このような呼びかけはありません。ファーストネームで名前を呼ぶことはあります。急いでいる場合は、特に何も言わず、お互いの目を見ながら、笑顔で会釈しながらすれ違う場合もあります（→ Chapter 1 の p. 34 を参照）。会釈は男女共通です。なお、この「無言での会釈」は、友達だけでなく、知らない相手に対しても行われます。目が合えば、知らない相手であっても何らかの反応を返すのが、英語圏の礼儀です。

関連表現

- **So good to see you.**（お会いできて嬉しいわ）
- **I'm alright.**（まあまあよ）
- **A: Hey, Katelyn, how have you been?**（あら、ケイトリン、最近どうしてた？）
  B: Hi, I'm good. And yourself?（元気よ。あなたは？）
  A: Not too bad.（悪くないわ）
- **A: Oh, hello. How are you doing?**（あら、こんにちは。元気？）
  B: I'm okay.（まあまあ元気よ）

coffee break

挨拶では、調子が悪いときでも、okayに留めておくのがマナー

　ここでご紹介している通りすがりの挨拶は、繰り返しになりますが、単なる挨拶です。つっこんだ会話をする意図があるわけではありません。ですので、よほど気心の知れた友人でもない限り、どんなに調子が悪くても、I'm sick.（病気なんだ）などと、真剣に体調を説明する人はいません。調子が良い・問題ない場合は I'm good.、調子が悪い場合でも I'm okay. / I'm alright. 程度に留めておきましょう。okay と答えると、相手には「あんまり調子（または気分）が良くないんだな」（だから、そっとしておいてほしいんだな）という印象を与えます。

通りすがりに友人を見かけ、立ち止まってハグをする

［両手を大きく広げて近づき、相手の右肩に自分の頭を乗せて引き寄せ、両腕で3秒ほど相手をぎゅっと抱く。抱き終わったら手を離し、離れる。日本人女性の場合、相手に合わせて多少背伸びが必要になる場合も］

動画あり

Victoria: Hi! How are you?（あら、元気？）

Mika: Hi! Good! How are you?（こんにちは！　元気よ。あなたは？）

Victoria: I'm good! I haven't seen you in so long!（元気よ。久しぶりね）　※forでも可

Mika: I know. Good to see you!（そうねえ。会えて嬉しいわ）

Victoria: Would you like to have lunch next week?（来週、ランチでもどう？）

Mika: Yeah, that sounds good.（いいわね）

Victoria: Awesome!（よかった！）

Mika: Umm... I don't know my schedule, so I'll let you know when I'm free.（えーと…スケジュールがわからないから、いつ時間があるか知らせるわ）

Victoria: Sounds good!（いいわね）

Mika: Okay.（了解）

Victoria: Bye!（じゃあね！）

Mika: Bye!（さよなら！）

解 説

女性同士の挨拶【2】立ち止まって、ハグする挨拶

　女性同士の場合、ビジネスなどでは握手をしますが、友人関係では、お互いを抱擁します（ハグするかどうかは、親しい相手というよりも、個人の好みが大きく関係しているようです）。先方に抱擁する気があるかどうかは、通常、「ハーイ」と大きく両手を広げながら近づいてくるので、大抵は簡単に判断できます。So good to see you!（お会いできて嬉しいわ！）などと言いながら、相手を引き寄せて3秒ほど軽く抱擁し、手を放します。きつく抱きしめる必要はありません。

　相手のことを気にかけていることを示すために、Did you just get a haircut? It looks great.（髪切った？　すてきね）などと、相手の外見に関する変化に気づき、褒めてあげることも習慣的によく行われます。褒められたときには、謙遜せずに Thank you. と答えておきましょう。

関連表現

● **A: Hi Jane, long time no see!**（こんにちは、ジェーン、お久しぶりね！）
　B: You look great!（元気そうね！）
　A: Thank you. I like your outfit.（ありがとう。あなたのお洋服、すてきね）　※outfit: 服装、洋服
● **A: That's such a cute shirt.**（とてもかわいいシャツね）
　B: Thank you, I just bought it.（ありがとう、買ったばかりなの）
● **A: How is work?**（仕事はどう？）
　B: It's going well.（順調よ）

coffee break

ハグをしたくない相手にハグされそうになったら

　日本人にとって、ハグの挨拶はハードルが高いので、通常は、相手の出方に合わせて対応することをお勧めします。でも、どうしても気が進まないときは、相手がハグをするために両手を広げて近づいてきたら、さっと右手を出して握手の態勢を取りましょう。おどおど、しぶしぶという態度を見せてしまうと失礼なので、「自分は最初から握手するつもりだった」という感じで堂々と手を差し出すと、先方にも悪い印象を与えません。

通りすがりに友人を見かけ、立ち止まらずに軽く挨拶する場合

動画あり

Victoria: Hey, how's it going?
あら、どうしてる？

David: Hey, pretty good.
おう、元気だよ。

1
NGジェスチャー

2
国によって違う

3
男女で違う

4
日常生活

5
ビジネス

6
海外ではOK

7
日本独特

解　説

男性と女性の間での挨拶【1】立ち止まらない、カジュアルな挨拶

　友人関係にある男性と女性が、通りすがりに挨拶するときも、基本的に男性同士、または女性同士の挨拶のときと同じです。幼なじみなど仲良しの間柄の場合、男性同士の挨拶で使われる dude (「ヤツ、おまえ」のような意味) などの親しみをこめた呼びかけを、女性があえて男性への挨拶で使うこともあるそうです。日本の例で考えると、女の子が男の子っぽい言葉を使って男友達に話しかける関係性に似ているかもしれません。

関連表現

● **A: How's your day been?** (今日は元気ですか [これまでのところ、今日はどんな感じですか])

　B: So far, so good. (これまでのところ順調だよ)

　A: How is your family? (ご家族はお元気？)

　B: They're doing well. Thanks for asking. (元気にしているよ。尋ねてくれて、ありがとう)

　A: I'm glad. Please say hi to them. (よかったわ。よろしく伝えてね)

　B: I will. (そうするよ)

coffee break

日本の教科書に出てくる How are you?
…実際に使われている？ いない？

　日本の英語の授業で、必ずと言っていいほど教わった "How are you?" "I'm fine, thank you. And you?" という挨拶。「実際に使われていない」「使われている」という論議も、たまにネットで見かけますが、実際のところ、どうなのでしょうか。アメリカで見る限り、日常で How are you? は聞くことがあります。How are you? 自体は、特に女性の間での挨拶で、頻繁に用いられているようです。一方、I'm fine, thank you. And you? という返答は、耳にしません。実際によく聞く答え方は、Good. / I'm good. / I'm doing well. などですね (最近は外国語指導助手 [ALT] の影響もあり、I'm good. も教えられるようになったと聞いています)。I'm fine. は、How are you? の返事としてではなく、"Would you like more coffee?" (コーヒーのおかわりはいかがですか？)、"I'm fine, thank you anyway." (いや、これで大丈夫です、ありがとう) のように使われているのは聞いたことがあります。「今の状態で問題ない、大丈夫」という状況では使っても問題ないということですね。

通りすがりに友人を見かけ、立ち止まって挨拶する場合

動画あり

David: Hey, how's it going?
よお、元気？

Victoria: Hey, how's it going?
こんにちは、最近どう？

David: Pretty good, how are you?
元気だよ。キミは？

Victoria: Good! Do you wanna get ramen next week?
元気よ。来週、ラーメン食べに行く？

David: Yeah, sure, that sounds great.
ああ、いいよ。いい考えだね。

Victoria: Cool, I'll call you tomorrow.
よかった。じゃあ、明日電話するね。

David: Okay, cool. See you around!
了解。じゃあ、またね！

解　説

男性と女性の間での挨拶【2】立ち止まる挨拶

　友人関係の男性と女性が挨拶をするときには、こちらもケース・バイ・ケース。立ち止まって短い会話を交わすこともありますし、女性がハグを好む場合は、抱擁が行われることもあります。英語はあまり男女差のない言語なので、男女での挨拶も、それほど大きな違いはありません。ただし、男性同士で行う fist bump（握りこぶしを突き合わせる）のような挨拶は、男性と女性の間では通常は見られません。子どもと挨拶をするときは、いきなり high five（ハイタッチ）などが行われることもあります。cool は、男女共に使いますが、どちらかというと男性が好んで使う傾向があります。

関連表現

● A: Oh hey, long time no see!（やあ、久しぶりだね）

B: Hey! How are you?（あら、元気？）

A: I'm doing well, and you?（元気だよ。君は？）

B: Can't complain. Have you been doing anything interesting lately?（まあまあよ。最近、何か面白いこと始めた？）

A: I've started playing basketball on the weekends.（週末にバスケットボールを始めたよ）

B: Oh, that sounds like fun! I'd love to talk some more, but I'm busy today.（あら、楽しそうね！　もっと話していたいけど、今日は忙しくて）

A: No worries, I'll message you later then.（心配いらないよ、じゃ後でメッセージするね）

B: Sounds good, I'll talk to you later then, bye!（いいね、じゃあ後でね。さよなら！）

coffee break

「お元気ですか」

　How are you? や How are you doing? は、日本人にとって、意外に難しいという話をよく聞きます。日本語に直訳すると「いかがですか」「いかがお過ごしですか」となって、普段聞き慣れている挨拶とは違うからでしょう。日本だったら、「元気？」のほうが答えやすいのでは？　英語では毎日会うたびに How are you? と尋ねても違和感がありませんが、日本語の場合は毎日「元気？」と尋ねるのは不自然です。久しぶりに会うならともかく、日本は特に決まったフレーズはありません。そのようなニュアンスの違いも、日本人が難しいと感じる理由の1つかもしれません。

欧州に多い、チーク・キスの文化

　欧州や中東の一部では、ハグだけでなく、お互いの頬と頬を触れ合わせて空中でキスをすることもあります。キスの回数も、国や地域によって異なります。片頬に1回、両頬に1回ずつ（合計2回）、両頬＋片頬に1回ずつ（合計3回）、あるいは両頬へのキスを2往復など、さまざまなバリエーションがあります。挨拶としてのキスの習慣に慣れていない日本人は、実践するのが難しいと感じると思います。

　アメリカでは、年配の方や、家庭や民族の習慣としてチーク・キスを行う人たちも中にはいますが、一般にチーク・キスを見かけることはあまりありません。

チーク・キスの仕方：

1. 右頬から先にキスするのが最も多いパターンなので、相手が近づいて来たら、左手を相手の右腕上腕部に置き、頭を45度傾ける。（イタリアは左頬からスタートすることが多い）
2. チーク・キスを受ける側は、右頬を差し出すように顔を左に傾ける。
3. 頬が触れるか触れないかの状態で、唇をすぼめ、空中にキスする。
4. あまり「チュッ」と大きい音を立てないようにする。相手が仲良しの場合は、唇をすぼめて「ムァ」と言うだけでもOK。
5. 左頬についても同じことをする。
6. 通常はこれで終わりだが、地域によっては、これを2往復する場合もある。

　チーク・キスは、最初だけでなく、別れの挨拶として行われることもあります。

Chapter 3　男女で違うジェスチャー

1 NGジェスチャー

2 国によって違う

3 男女で違う

4 日常生活

5 ビジネス

6 海外ではOK

7 日本独特

英語を勉強するときに、異性・同性、 どちらの友人から学ぶべき？

　本書を書いていたとき、この原稿を読んだ編集者さんからこんな質問をいただきました。イギリス人のお知り合いが「僕の英語が妻（日本人）にうつっちゃって、僕のお母さんが妻の英語を聞いてびっくりするんだ」と話していたので、本当に英語には男女差がないのか気になる、というのです。そう言われてみれば、確かに「配偶者から英語を教わったので、女性なのに男っぽい表現をたくさん覚えてしまった」（または男性なのに女性っぽい言い方を覚えた）という発言を聞くことはあります。ことにイギリス英語に関しては、お手洗いに行くときに女性のみがspend a pennyという表現を使うなど、女性独自の表現は、数は多くはありませんがいくつか存在するようです。アメリカ英語に関しても、本書で既に紹介した男性特有の表現以外にも、お店でお客さんに店員さんがYes, ma'am.と返事したりするなど、どちらかというと男性が好んで使う表現というのはあります。ただ、アメリカなどで性差について尋ねようとすると、大部分の人が「性差はない」と言い切り、詳しく触れたがらないのが普通です。

　そんなわけで英語表現を具体的に拾い上げようとすると、例を見つけるのが大変ですが、筆者は同性に英語を学ぶことにメリットがあるという説も一理あると思っています。理由は英語圏の国々が「レディファースト」社会であり、男性は女性に親切にすることを、また女性は男性に優しくされたときの対応を学ばなければならないからです。このような、言葉遣いを超えた佇まいや物腰は、反対の立場にいる異性からは学ぶことができません。英語を学習するときは、このようなことも頭の片隅に入れておくとよいと思います。

男性のみが使う Damn というバリエーションもある

Damn, she's so cute!
うわ〜、なんてカワイイ女
の子なんだ！

Damn, that's crazy.
なんてことだ。ありえな
い！

会話例

● **Damn, that sucks.**（ったく、最悪だぜ）

Chapter 3　男女で違うジェスチャー

1 NGジェスチャー

2 国によって違う

3 男女で違う

4 日常生活

5 ビジネス

6 海外ではOK

7 日本独特

解 説

男性が驚いた / 感動したときの定番表現 Oh my gosh (OMG) ①

洋画や海外ドラマを観ていると必ずと言っていいほど出て来る Oh my God（または Oh my gosh）。頭文字を取って、OMG と書かれることもあります。驚いたとき、感動したとき、あっけに取られたとき、動転したときに真っ先に英語ネイティブが口にする表現です。むやみに God を連呼するのは冒涜（ぼうとく）に当たるため、連発すると不快感を与えることがあるので注意が必要。

男性の場合、Damn（「畜生」と訳されることが多い）と吐き捨てるように言うことも多いです。Damn はののしり言葉ですが、「すげぇ」「ひでぇ」などのニュアンスで、何かが見事だと賞賛するときにも使われます。

関連表現

● **Oh my gosh/Damn, no way!!**（何ということだ、ありえない！）

● **Damn, I'm sorry to hear that.**（まったく、なんてこった。残念だな）

● **Oh my gosh, when did that happen?**（えーっ、それっていつ起きたの？）

● **Damn, this cake is delicious. I can't stop eating it.**（このケーキ、最高だな。やめられないよ）

● **God damn it!!**（あー、しまった！　やっちゃった！）

● **Damn it. I overslept!**（くそー、寝坊しちゃった！）

coffee break

日本と英語圏で異なる「デート」の観念

日本と英語圏では、デートの概念が多少異なります。日本では、好意を告白して正式に付き合いだしてから「デート」をするのが一般的だと思いますが、英語圏ではお互いを「ボーイフレンド」「ガールフレンド」にするかを見極めるために「デート」をします。「デート」では、食事に行ったり、映画やコンサート、スポーツ観戦、ショッピングに行ったりするほか、愛情と相性を確認するために、「恋人同士」と宣言しないうちに身体の関係を持つ場合もあるそうです。つまり英語圏では、「お試し期間」中に一緒に過ごすことも「デート」と呼ぶわけですね。ですので英語圏の人とのデートでは、深い関係になっても相手が真剣ではない場合もあるので注意してください。恋愛感情の伴わない、社交的な（食事などの）お出かけも「デート」と呼ばれます。

最近はマッチング・アプリなどの普及により、日本でも正式に付き合う前にデートをする人が増えていると聞きます。日本でも、好意を告白して正式に「付き合う」となってからデートをするのではなく、まずは食事や映画に数回一緒に出かけてみて、相性を確認してから告白することがあるそうですね。告白せずに、同時に複数の相手とデートをするパターンもあると聞きました。日本も英語圏の文化に近づいているのかもしれませんね。

女性が驚いた / 感動したときの
定番表現 Oh my gosh（OMG）

手振りつきの Oh my gosh は、主に女性が使う。女性的なしぐさ

> Oh my gosh, that's so
> sweet, thank you!
> わぁ、なんて優しいの、あ
> りがとう！

会話例

● **Oh my gosh, is he okay?**（うわぁ、彼、大丈夫かしら？）

● **Oh my gosh, I can't believe it!**（うわぁ、信じられない！）

解　説

女性が驚いた/感動したときの定番表現 Oh my gosh (OMG) ②

　Oh my gosh は、男性も女性も使う表現です。目を大きく見開き、両手で顔を包み込むようにすることもありますが、通常は決まったしぐさは伴いません。女性のみが使う、ちょっと大げさな OMG のしぐさもあります（たまにドラァグ・クイーン［派手な衣装や化粧で女装した男性］が使うこともある、手首をしならせる手招きのような動きです）。ただしこのしぐさは、ドラマなどでよく見ますが、日常生活ではそれほど頻繁に見かけません。

　OMG は Oh my God の略で、「オーエムジー」と言うこともあります。Oh my gosh（女性の場合は Oh my も）という変形バージョンを使う人が大多数なので、なるべくこちらを使うようにしましょう。なお、God を避けたいときに使う表現のバリエーションとして gosh の他に goodness もあります。gosh は間投詞で、それ自体に別の意味はありませんが、goodness には「善」という意味があり、別の言葉で言い換えた、というニュアンスになります。

関連表現

- **Oh my gosh, that's so kind. I'm touched.**（わぁ、なんて親切なんでしょう。じーんと来たわ）
  ※touched: 感激した、じーんとした
- **Oh my gosh, it can't be true!**（そんな、まさか！）
- **Oh my gosh, that must have been really hard.**（あら、本当に大変だったね）
- **Oh my gosh!! I just won the lottery!**（きゃー、宝くじに当たった！）
- **Oh my gosh, where's my cell phone?**（あーっ、携帯はどこ？）
- **Oh my goodness, you look so gorgeous! I love your dress!**（うわー、あなたキレイね！そのドレス、すてき！）　※goodness: God を避けたいときに使う表現

coffee break

he/him、she/her、they/them

　今回、本書を書くにあたって、男性が使う英語と女性が使う英語を意識的に探そうとしました。ですが英語は、上記でご紹介したような一部の表現を除き、ほとんど性差がありません。最近では、he/him、she/her などに加え、性別という既成概念に囚われたくないという「ノンバイナリー」の人たちが提唱し始めた、they/them という代名詞も広がっているほどです。they/them は、ノンバイナリーの方だけでなく、性別を明記してもあまり意味がない場合や、性別が不明な場合にも使われるそうです（→ Chapter 1 の p. 27 コラム参照）。LGBTQ の方たちへの配慮も加わって、英語はますます性差のない方向へと変化しているようです。

ウィンクは合図を送るためのジェスチャー

注意を喚起するためのウィンクと、好意を伝えるウィンクがある

動画あり

> **So, how was your date?**
> で、昨日のデート、うまく行ったの？

動画あり

> **Hey, do you wanna hang out some time?**
> ねえ、今度一緒に何かしない？
>
> ※ hang out: くつろぐ、一緒に過ごす

会話例

- **Hey girl, you look really pretty today.**（やぁ、今日はきれいだね）

1
NGジェスチャー

2
国によって違う

3
男女で違う

4
日常生活

5
ビジネス

6
海外ではOK

7
日本独特

解　説

ウィンクは合図を送るためのジェスチャー

　日本で「ウィンク」というと、異性に対する恋心や下心を連想してしまいがちですが、英語圏にはいろいろなバリエーションがあります。「ほら、例の件だよ」「一緒に行こう」「内緒だよ」「冗談だよ」「今だよ」などの意味で、茶目っ気たっぷりに使われることもあります。通常は、ニヤッと笑いながら1回だけウィンクします。

　映画やテレビでよく見る「恋心・下心・好意を示す」ウィンクは、日本人にもなじみがあるジェスチャー。気のあるそぶりを示すには、相手を誘う思わせぶりなコメントをしながらウィンクするのが普通です。相手に気があるときは、自分の髪に触ったり（特に女性）、首の後ろに手を当てたりする動作が伴うこともあります。

関連表現

- **See, I told you so!**（ね、言ったとおりだろ！［…と言ってウィンク］）
- **No worries!**（心配しなくていいよ！［…と言ってウィンク］）
- **Do you wanna grab a cup of coffee some time?**（今度コーヒーでも一緒に飲まない？）
- **Do you wanna grab a bite to eat?**（ご飯でも食べに行かない？）　※「メシ行かない？」程度の軽い言い方
- **A: Can I have your phone number?**（電話番号を教えてもらえないかな？）
  B: Sorry, I'm seeing someone.（ごめんなさい、付き合っている人がいるんです）

日本語にないflirtの概念

「デート」の概念が、英語圏と日本とで多少異なるのに関連して、英語にはflirt（「フラート」と読む）という言葉があります。日本の辞書では「いちゃつく」と訳されていることが多いですが、日本語の「いちゃつく」は、既に付き合っている者同士のほうが多いと思います。flirtは、公でベタベタするのではなく、関心（恋心）があることを相手に知らせ、相手にも興味を持ってもらおうと誘うための駆け引き。付き合う前のアプローチですが、「ナンパ」までは行かないので、あえて日本の状況にたとえるなら、合コンや恋活パーティで、相手を意識してする発言に近いかなと思います。flirtは、手を変え品を変えて相手に関心を持ってもらおうとアプローチする行為なので、英語ネイティブによると、残念ながら決まったジェスチャーや言葉はないそうです。ただし、電話番号を聞かれる状況は別です。電話番号を聞かれることがあったら、先方はあなたと親しくなりたいと思っていると思って間違いではないでしょう。ちなみに日本語の「エッチ」は、英語ではないので、「H」と言っても、もちろん通じません。（英語で「エッチ」に相当するスラングはdoing itだと思います）

Chapter 4

日常生活や海外ドラマで見かけるジェスチャー

本章では日常生活でよく見かけるジェスチャーを取り上げます。

またそれに加えて、日常生活ではあまり見かけないものの、海外ドラマでは見かけることがあるジェスチャーも取り上げています。海外ドラマが好きな方は必見です。

海外ドラマで見かけるジェスチャー①
Stop/Cut it out（ストップ / やめろ）

親指を除く指を揃えて数回振る場合も

（Cut it out!）
ストップ！　※ジェスチャー

会話例

● **Zip it!**（今やってることを今すぐやめて！［と言ってからCut it outのジェスチャー]）　※zip: 派生語
の「ジッパー」からもわかるとおり、口を閉じる、チャックをする、の意味

● **No, stop it!**（いや、やめておけ！）

解　説

海外ドラマで見かけるジェスチャー①Stop/Cut it out（ストップ/やめろ）

「今やっていることをすぐにやめろ」「しーっ、黙れ！」などの指示を出したいときに使うジェスチャー。よく見る状況としては、誰かの噂話をしているときに当のご本人が入って来て、話している相手がそのことに気づいていない、など。そのような場合に、言葉を使わずに「黙れ」「やめとけ」などと伝えたいような場合です。親指を除く指を揃え、あごのすぐ下で4〜5回振ります。この動作は、Yikes（ちょっと目を見開いて「イーッ」としかめ面を作る）」の表情が伴うこともあります。日本語の「クビになった」のジェスチャーとちょっと似ていますが、意味も使い方も異なりますのでご注意ください。

関連表現

- **Shut up! Don't tell him that.**（黙れ！　その話をするな）　※日本語で「シャラップ」と訳されることもある、かなりきつい感じ
- **Shhhh!! Your boss is right there!**（シーッ！　上司はすぐそこにいるよ！）
- **Don't bring that up.**（その話を持ち出さないほうがいい）
- **Stop it! They can hear us.**（やめろ！　相手に聞こえている）
- **Quiet!**（静かに！）
- **Shut your mouth!!**（口を閉じろ!!）

ドラマやテレビでよく見るジェスチャーは、ドラマチック？

ドラマやテレビではよく見かけても、日常ではあまり見かけないジェスチャーがいくつかあります。ここでご紹介したCut it outは、その1つです。誰もが意味を知っていますが、実際に使うことがほとんどないのは、似たような状況に遭遇する機会が少ないからかもしれません。練習するのはよいと思いますが、やりすぎにならないように注意しましょう。逆に、日本のアニメを見て育った外国人も、抑揚の激しいアニメの声優さんの演技を聞き慣れているので、日本語が妙にものものしく時代劇風に聞こえることがあります。日本も英語圏も、テレビやドラマでの物の言い方には多少の誇張が加わるため、練習するときにはそれを頭に入れておくとよいと思います。

人差し指、あるいは手のひらを水平にして左から右へ首を切る真似をする

動画あり

（You are dead.）
お前はクビだ。　※ジェスチャー

会話例

- A: So, what happened yesterday?（で、昨日何があったの？）
  B: (gesture)（何も言わずに「クビになった」のジェスチャー）

解　説

海外ドラマで見かけるジェスチャー②You are dead（お前はクビだ）

　「お前はもう死んでいる（終わりだ）」という意味のジェスチャー。「（自分が）クビになった」と友達に報告する場合や、「次回同じ間違いをしたら、クビだぞ」「殺すぞ」などと言うときに使います。人差し指で、あごのすぐ下を1回だけなぞります。ちなみに在英通訳者の平松里英さんとリチャード・ハンターさんによると、イギリスでは手のひらを水平にして1回だけ手前方向に切る動作が多いそうです。neckと言うわけではないのでご注意ください。このジェスチャーは、テレビなどではよく見かけますが、物騒なイメージが強いだけに、日常生活ではそれほど見かけません。また、会社で従業員に解雇を言い渡すときに、一般的に使われることもありません。

関連表現

- **I got fired.**（クビになった）
- **I was terminated.**（解雇された）　※terminated: 解雇される、打ち切りになる
- **This is your last chance. Or else...**（これが最後のチャンスだ。これができなければ、わかってるね…［と言ってからYou are deadのジェスチャー］）
- **You are done for.**（君はもうおしまいだよ［と言ってからYou are deadのジェスチャー］）
  ※done for: もう終わりだ、死にそうだ
- **I got laid off yesterday.**（リストラされた）　※lay off: 一時解雇する、レイオフする（名詞形はlayoff）
- **In Japan, full-time employees are not fired very easily.**（日本では、正社員は簡単にクビにならない）
- **We unfortunately had to let go of him.**（残念ながら、彼に去ってもらわなければならなかった）　※雇用主の視点から見た場合

coffee break　外資系企業での解雇と退職

　日本は終身雇用を前提としている企業も多く、一般に、解雇は難しいという印象があります。一方、外資系企業は福利厚生が充実しており、一流企業であれば社員に食事やビールを振る舞ったり、ジムを完備したりするなどいろいろ魅力も多いですが、日本と比べると解雇に関してはドライです。解雇が決まると、その場で荷物をまとめて鍵を置いて出て行け、と言われるシーンも、映画やテレビだけのことではありません。双方が穏便に済ませたい場合は、「合意による自己都合退職」も多いそうです。なお、自己都合で退職する場合は、最終日の30日、45日、60日ぐらい前に、雇用主に退職する旨を伝えることが多いです（30-day noticeなどと言います）。

海外ドラマで見かけるジェスチャー③
Crazy（クレイジー、いかれてる）

耳の横で人差し指をクルクル回す

They're nuts.
いかれてるよ。

会話例

- **That's crazy!**（それはどうかしてる！）
- **That's insane!**（そりゃ、いかれてる！）

1
NGジェスチャー

2
国によって違う

3
男女で違う

4
日常生活

5
ビジネス

6
海外ではOK

7
日本独特

解　説

海外ドラマで見かけるジェスチャー③ Crazy（クレイジー、いかれてる）

　「頭がおかしい」「正気じゃない」「ありえない」などと言いたいときに使うジェスチャー。耳の横で、人差し指をクルクルと数回回します。話し相手に対して使うと、「おまえはいかれてる」という侮蔑的な印象を与えてしまうので、どちらかというと、全体の状況とか、その場にいない人・集団などについておかしいというときに使うことが多いようです。フランスなど、クレイジーという意味を表すのに、人差し指をクルクルと回さずに、こめかみをトントンと数回軽く叩くジェスチャーが用いられる国もあります（ちなみに、こめかみを叩くジェスチャーは、英語圏では「覚えておきなさい」の意味）。

関連表現

- **They are insane.**（あの人たち、頭おかしいんじゃないの？）
- **I'm about to go mad.**（発狂しそう）
- **The stress is driving me crazy.**（ストレスのせいで気が狂いそうだ）
- **It doesn't make sense!**（わけがわからない！）　※make sense: つじつまが合う、理にかなっている
- **Have you lost your mind?**（正気を失ったの？）
- **He is a lunatic.**（彼は狂人だ）

---

coffee break

「フルーツ」と「ナッツ」の州、カリフォルニア

　crazyの同義語として、nutsという言葉がスラングで使われることがあります。nutsという言葉は、食べ物の「ナッツ」と同時に「気が狂った人」という意味もあります。またfruitには、果物だけでなく、俗語で「男性同性愛者」という意味もあります。カリフォルニアは、アーモンド、ウォールナッツ、ピスタチオ、ピーカンを州の公式ナッツとして生産しており、全米の果物とナッツの3分の2を産出していることから、「ナッツとフルーツの州」として親しまれていますが、ゲイの人口も多いため、冗談で2つの意味で「ナッツとフルーツの州だ」と呼ばれることもあります。

2本の指で「L」の字を作る

> Loser.
> 負け組だね。

会話例

- **You are a loser.**（負け組だね）
- **He's such a loser.**（彼は本当に負け犬だよ）

122

解　説

海外ドラマで見かけるジェスチャー④Loser（負け犬、負け組）

　「負け組」「負け犬だね」などという意味のジェスチャー。1994年のジム・キャリー主演の映画『エース・ベンチュラ』をきっかけに広まったと言われています。『グリー』（以前、NHKでも放映されていた学園ドラマ）のロゴにも使われたサインなので、見覚えがある方もいるかもしれません。右手の親指と人差し指を広げて「L」の逆文字を作るジェスチャーですが、これを額の上にかざすこともあります。ただし、このジェスチャーを実生活で見かけることはほとんどありません（筆者は一度も見たことがありません）。ドラマや映画で見る表現、と考えていいと思います。なお、このサインは中国では数字の「8」を意味するそうです。

関連表現

- **Looks like I am a loser.**（どうやら、オレ、ダメなヤツみたい）
- **Don't be a loser like him!**（彼のような負け犬になるんじゃない！）
- **I don't want to stay a loser so I'm going to try my hardest from now on.**（負け犬のままで終わりたくないから、これからは最善を尽くして頑張るぞ）　※from now on: これからは
- **He's competitive.**（彼は負けず嫌いだ）
- **Don't give up!**（あきらめるな！）
- **Who won the game?**（試合に勝ったのは誰？）

テレビや映画の中でのみ見かける表現

　英語を勉強中の方で、海外のドラマやテレビを参考にしている方も多いと思います。実際、海外のドラマやテレビはさまざまな表現の宝庫で、背景情報や前後関係も学べて、すばらしい教材です。ただし、このLoserのように、日常ではほぼ使われないジェスチャーもあります。番組を見ているだけでは、実際に使われているかどうかがわからないかもしれません。自分で使ってみるべきかどうかを判断するには、①英語ネイティブに尋ねる、②そのジェスチャーの由来などを先に調べて、失礼な意味合いが含まれていないことを最初に確認するといいと思います。

　テレビ番組だけでなく、GIF動画/GIFアニメーション（複数画像を組み合わせたアニメーション）やmeme（ミーム）などを、ニュアンスや背景の感覚をつかむことができる方法として見てみるのもお勧めです。

ジョークなどが理解不能だったときに、片手を自分の頭の上で滑らせるようにする

> **Whoosh.**
> ちんぷんかんぷんだ。

会話例

- **You missed it.**（わからなかったね）

- **It was all Greek to me.**（ちんぷんかんぷんだった）　※Greek: わけがわからない、ちんぷんかんぷん（元々は「ギリシャ語」の意味。ギリシャ語は難しいことから来る表現ですが、若い人たちの間では、あまり聞かないそうです）

1　NGジェスチャー

2　国によって違う

3　男女で違う

4　日常生活

5　ビジネス

6　海外ではOK

7　日本独特

解　説

海外ドラマで見かけるジェスチャー⑤ Whoosh（ちんぷんかんぷん）

　ジョークなどを見聞きしても、まったくわからなかった場合に、手のひらを下に向けて前から勢いよくビューンと頭の上を滑らせるようにすると、「かすりもしなかった」「まったく理解不能」という意味になります。Whoosh（ウーシュ）というのは、頭の上を飛び越えていく効果音のようなものです。「ウーシュ」と読みますが、効果音なので、適切な訳語もありません。

　的を射ていない返事をした人をからかう場合に使われることもありますが、「ちんぷんかんぷん」という意味なので、他の人を描写するのに使うと失礼です。多少自虐的に、自分について使うのは構わないでしょう。

関連表現

- **It's over your head.**（歯が立たないほどわからない）
- **You just don't get it.**（わかってないなあ）
- **I have absolutely no idea.**（見当もつかない）
- **I can't see why it's so funny.**（そんなにおかしい理由がわからない）
- **The joke was too clever for me.**（その冗談は、私には洗練されすぎていてわからなかった）
- **Don't worry, I didn't get it, either.**（心配しないで、私もわからなかったよ）
- **Traditional Japanese comedy is hard for native English speakers to understand.**（落語は英語ネイティブには理解が難しい）

Whoosh は、日常生活では見かけない

　Whoosh は、「歯が立たないほどちんぷんかんぷん」という意味ですが、日常生活ではほとんど見かけないジェスチャーです。アメリカで学ぶ日本人留学生でも、このジェスチャーを「見たことがない」という方もいました。ほぼテレビや映画の中でのみ見かける表現です。同じ「わからない」でも、この次に紹介するWho knows?は、非常によく見かけるジェスチャーです。Whooshは、知識として頭の中に留めておくだけで十分です。

お手上げのときや、無実を主張したいときに、両手を広げて肩をすくめる

動画あり

> Who knows?
> さあ…誰も知らないよ。

会話例

● I have no idea, sorry.（まったくわからないな、ごめんね）

● I don't know.（さあね…）

解 説

日常生活で見かけるジェスチャー①使用頻度が高いWho knows?（わからない）

　「皆目見当もつかない」というような状況で、両手を上に向け、肩をすくめるジェスチャー。英語圏では、日常会話でよく見かけますし、日本でも英米人の典型的なジェスチャーとして広く知られています。Who knows?は直訳すると「誰が知るか」「知るもんか」ですが、日本語で「わからない」が適切な状況でも使うことがあります。また、「自分のせいじゃない」「困った」「絶望」「もうダメだ」「お手上げだ」などと言いたいときにも使われます。

関連表現

● **I have no clue.**（まったくわからない。見当もつかない）
● **Who cares?**（そんなのどうだっていいだろう）
● **I don't understand.**（わからない。解せない）　※意味・理由・事情が理解できない
● **Nobody knows.**（誰も知らないよ）
● **I don't exactly know for sure, but...**（正確にはわからないんだけどね、でも…）
● **I don't know him very well.**（彼のことは、あまり知らない）

coffee break

「よくわからない」と言いたいときはI'm not sureがお勧め

　Who knows? と並んで会話でよく使われるI don't knowは、言い方にも何通りものパターンがあります。大げさに抑揚をつけてdon'tの部分を高く強く発音すると、かなり投げやりで無責任に聞こえます。言い方によっては非常に失礼に聞こえるので、注意してください。確信が持てない、よくわからない、という意味で使いたいときは、I don't knowではなくI'm not sureと言うほうが、自信がないということを正確に伝えられるのでお勧めです。

日常生活で見かけるジェスチャー②警告
【1】I've got my eye on you(見ているからね)

Track
29

I've got my eye on you は主に目上の人が目下の者に対して使う

> **I've got my eye on you.**
> ちゃんと見ているからね。

会話例

- **I'm watching you. Don't try anything funny.** (ちゃんと見ているからね。おかしなことを企んだりしないように)
- **Don't even think about it.** (悪いことをしようなんて、考えるだけでも許さないよ)

1
NGジェスチャー

2
国によって違う

3
男女で違う

4
日常生活

5
ビジネス

6
海外ではOK

7
日本独特

解 説

日常生活で見かけるジェスチャー②警告：
I've got my eye on you（見ているからね）

　人差し指と中指でV字を作り、指先を自分の目に向けた後、I've got my eye on...と言いながら、相手側に指先を向けてyouと言うジェスチャー。「ずっとあなたのことを見ているから」という意味です。相手側に向ける指が2本指のことも、人差し指1本になることもあります。ティーンエイジャーの子どもに向かって親が行うなど、目上の人が目下に対して使うことが多く、最善を尽くせるように遠くから温かく見守っているよ、などの「激励」の意味で使われることもあります。ちなみにフランスでは、上記のような状況で「見ているからね」と言いたいときに、片手・または両手で、日本語の「あかんべえ」をするそうです。日本とそっくり同じジェスチャーですが、使い方が違うので覚えておくと便利です。

関連表現

● **I'm keeping my eye on you.**（あなたを見ているよ）　※I've got my eye on you.の別の言い方。地域によってはeyeではなくeyesが使われる場合も

● **Be on your best behavior.**（行儀よく振る舞いなさい）

● **Be good.**（いい子でいなさいよ）

● **Be careful!**（気をつけてね！）

● **Be safe!**（無事でいてね）

● **Watch your step.**（気をつけて）【英国】　※「足元に注意」という表現だが、イギリスでは足元が危険な場合だけでなく、比喩的に、慎重にしなさいという意味でも使う

● **Be careful what you say.**（言葉には気をつけなさい）【英国】

● **Steady now.**（落ち着いて、気をつけて）【英国】　※Watch your step.ほどきつい言い方ではないが、注意を喚起する表現。物を落としそうなときに注意を促す場合など

coffee break

「神様が遠くから見守っている」はGod is watching over us

　ここで紹介したwatchingの例は、「バカな真似をするな」という警告文が多いですが、「神様が遠くから見守っている」などと言う場合にもGod is watching you.やGod is watching over us.という表現を使います。watchは「動きがあるものを、少し距離を置いてじっと見る」ときに使うと思えばいいでしょう。

　英語には、神様が出て来る表現が山のようにあります。日本でも「お天道様が見ている」という言い方がありますが、英語と比べると、日常会話に神様が出て来ることは少ない気がします。

日常生活で見かけるジェスチャー②警告
【2】Don't mess up/screw it up(ヘマをするんじゃないぞ)

Track 30

Don't mess up/screw it up は失敗しないように警告する場合に使う

> **Don't screw it up.**
> ヘマをするんじゃないぞ。

動画あり

| 会話例 |

- **Don't mess up.** (ヘマをやるんじゃないぞ)　※mess up: しくじる、ヘマをする
- **Don't fail.** (失敗するなよ)

1
NGジェスチャー

2
国によって違う

3
男女で違う

4
日常生活

5
ビジネス

6
海外ではOK

7
日本独特

解　説

日常生活で見かけるジェスチャー②警告：
Don't mess up/screw it up（ヘマをするんじゃないぞ）

　目を大きく見開き、人差し指を立てて「しくじるな」「ヘマをやるな」などと警告する場合に使うジェスチャー。テレビや映画でもよく見かけますし、会社でも失敗が許されない状況で、上司が部下に対して使うことがあります。相手に責任があることを強調したい場合や、相手を責めたい場合などに、相手に人差し指を向けるジェスチャーがよく使われます。I've got my eye on you と同様に、こちらも威圧的な印象を与えることがあるので、使う状況には気をつけてください。

関連表現

- **Watch out!**（危ないから気をつけてね）
- **There are no second chances.**（第二のチャンスはないよ）
- **You know what I'm saying?**（言ってること、わかるだろ？）
- **You know what I mean?**（言おうとしてること、わかるだろ？）
- **Go for it!**（頑張ってやってみろ！）
- **Don't mess with her.**（彼女にかまうな、関わり合いになるな、ちょっかいを出すな）

coffee break

さまざまな意味で使われる mess

　mess という単語は、名詞で使うと、「乱雑」「ごちゃごちゃ」「汚れ」などの意味ですが、動詞になると「かき乱す」「ごちゃごちゃにする」から転じて、「しくじる」「ヘマをする」という意味にもつながっていきます。ちなみに、筆者が暮らすテキサス州では、Don't mess with Texas（テキサスを甘く見るなよ／なめんなよ）というスローガンやバンパー・ステッカーを見かけます。これはテキサス州運輸省がポイ捨て防止キャンペーンの一環として展開している標語なのですが、「汚れ」を意味する mess と「軽く見る、なめる」を意味する mess with を掛け合わせた標語として、土産店でもマグやシャツにこのスローガンがプリントされているのをよく見かけます。硬派で挑発的で、ユーモアも感じられて、テキサスらしさがよく出ていると思います。

日常生活で見かけるジェスチャー③苛立ち・怒り・絶望
【1】Come on!（いい加減にしてよ！）

Track 31

Come on は怒りと苛立ちの表現。呆れた場合は目を回転させる。絶望的な場合は額を覆う

動画あり

Come on, stop driving so slow!
いい加減にノロノロ運転はやめて！

会話例

● **Come on, I don't have time for this.**（いい加減にしてよ。こんなことをしている時間はないから）

● **Come on! Why won't it start?**（頼むよ！　なんで動いてくれないんだ？）　※車が動かないような場合

1
NGジェスチャー

2
国によって違う

3
男女で違う

4
日常生活

5
ビジネス

6
海外ではOK

7
日本独特

解　説

日常生活で見かけるジェスチャー③苛立ち・怒り・絶望：
Come on!（いい加減にしてよ！）

　Come on には、いろいろな意味があります（詳細はコラムを参照）。ここでは、「冗談じゃないよ」「やめてよ」「いい加減にしてよ」「嘘でしょ!?」「頼むよ！」などの苛立ちを表す表現としてご紹介しています。苛立ちと怒りを表すときは、両手で握りこぶしを作り、ぐっと握って目を見開き、歯を食いしばるように Come on... と言います。じりじりとした怒りを表すので、Come on の後に what the fxxk（Ｆワード）などの罵り言葉や苦情が続くこともあります。特に強調したいときには、あえて「カモーン」と言わずに「カム・オーン」と切って発音する場合もあります。その他、come on は、何かをお願いして断られたときに「そんなこと言わないで、いいじゃないか」のような場合にも使われます。

関連表現

● **Come on, what's taking so long?**（冗談じゃないよ、なんでこんなに時間がかかるの？）
● **Come on, that's not true!**（まさか、嘘でしょ！）
● **Come on, just one more!**（いいじゃないの、もう一杯ぐらい！）
● **Come on, hurry up!**（ほらほら、急いで！）

coffee break

いろいろな意味がある Come on

　テレビや動画を見ているときに、Come on という言葉を聞くことがよくあると思います。歌詞にもよく出てくるので、Come on はアメリカ人の代名詞のように思っている人もいるかもしれません。実は、Come on にはいろいろな意味があります。人に対して使うときの Come on は、普通に使えば「こっちへ来い」という意味。「急いで来い」というニュアンスで使われるときもあります。その他、たとえばお酒の席で、遠慮する相手にお酒を勧めたくて「そうカタいこと言わずに！」と言うときや、「怒らなくてもいいじゃないか」「大目に見てよ」という場合にも使います。本書で取り上げたように、「いい加減にして」と言うときにも使います。主語を無生物にしたときは、The light came on.（あかりがついた）という言い方もします。

　使い分けのコツを教えてほしい、と日本人の学生さんに聞かれましたが、まずは日本語でも意味が同じ「おいで」というところから使い始めるといいでしょう。基本的に、自分の常識や基準から外れる現象に出会ったときに Come on を使うことが多いので、英語ネイティブがどういうときにその表現を使ったのか、背景的な情報と一緒に覚えると応用がききやすいはずです。

呆れた場合は目を剥いて天を仰ぐ。絶望的な場合は額を覆う

動画あり

Ah, gimme a break!
もう、いい加減にして。

会話例

● **Will they ever stop talking?**（いつになったら話すのをやめるのかしら？［目を剥いて天を仰ぎながら]）

● **Yeah, right.**（はいはい、そうでしょうとも）　※「嘘でしょ」の意味

1
――
NGジェスチャー

2
――
国によって違う

3
――
男女で違う

4
――
日常生活

5
――
ビジネス

6
――
海外ではOK

7
――
日本独特

> **解　説**

日常生活で見かけるジェスチャー③苛立ち・怒り・絶望：
Rolling your eyes（目を剥く、呆れる）

　好ましくないことが起きたとき、OMG（Oh my God）のミニバージョンとして、目を剥き、天を仰ぐジェスチャーが使われることがあります。「やれやれ」「まったくもう…」「呆れた」というような状況で使います。英語ではRolling your eyesと言いますが、文字どおり目をぐるぐる回すというよりは、上（または斜め上）を見上げるという説明のほうが正確でしょう。首もちょっと傾けることがあります。「やってられない」「付き合いきれない」という不満・怒りを表しますが、相手が言ったことを真に受けていないときにも使われます（「はいはい、わかったわかった、そうでしょうとも」のようなニュアンス）。アメリカ人の場合、車社会のせいか、渋滞や駐車場など車にまつわる状況で、このような表情が多く見られます。

> **関連表現**

● **Oh no. I left my wallet at home.**（ああー、家に財布を置いてきちゃった）　※後悔を表す

● **I'm sick and tired of this.**（この件に関しては、もううんざりだ）

● **I'm fed up with all the bullshit.**（たわ言ばかり、聞き飽きた）　※fed up with: うんざりした、飽き飽きした

● **I've had enough of it.**（もうたくさんだ、十分だ）

● **That's it.**（[その発言・行為で]ブチ切れた）　※itを強く、高く発音し、吐き捨てるように言う。他に「以上です」「それな！」のような状況でも使う

---

coffee break

目を剥いて天を仰ぐジェスチャーは、女性に多い

　目を剥いて天を仰ぐジェスチャーは、男女に関係なく行われますが、passive-aggressive（受動攻撃的）な態度で、子どもやティーンの女の子に多いとされています。自分の要望を聞き入れられず、拗ねるとき、日本の女の子は口を尖らせたり、地団太を踏んだりしますが、英米の女の子は、腕組みをして「フンッ」とため息をつき、目を剥いて天を仰ぐことが多いです。心理学者のジョン・ゴットマン氏の研究によると、目を剥くジェスチャーは、「批判する」「防御的になる」「ストーンウォーリング（回答を拒否したり妨害するなどして、コミュニケーションに協力しないこと）」と並んで、既婚夫婦が将来的に離婚するかどうかを判断する際の指標の1つと考えられているそうです。

　出典：https://en.wikipedia.org/wiki/Eye-rolling

絶望的な場合は、額を覆う

Why did I do that?
自分はなんであんなことしたんだろう？

会話例

- I'm so lost.（本当に途方に暮れてしまった）
- I knew I was at the end of my rope. / I knew I was at my rope's end.（もう、万策尽きた）

※ at the end of one's rope: 限界だ

1
NGジェスチャー

2
国によって違う

3
男女で違う

4
日常生活

5
ビジネス

6
海外ではOK

7
日本独特

解 説

日常生活で見かけるジェスチャー③苛立ち・怒り・絶望：
Covering the forehead（額を覆う）

　絶望的な気分になったときに、片手で額を覆うジェスチャー。【2】の Rolling your eyes よりも事態が深刻なときに使います。深く絶望しているときは、両手で額や頬を覆うこともあります。ただし、楽観主義が好まれるアメリカでは、人前で絶望している姿をあまり見せません。そこまで深刻な状況のときは、1人で悩むことが多いからでしょう。ですので、日常的に見かけることが多いジェスチャーではありません。日本のように両手で「頭を抱える」ジェスチャーもありますが、下を向かず、悩みというより、驚き、戸惑いを表すことが多いようです。

関連表現

- **I'm so depressed.**（本当に落ち込んでいる）
- **Having to work overtime is killing me.**（残業のせいで死にそうだ）
- **That's not fair.**（ずるい、不公平だ）
- **I was so upset.**（本当に腹が立った）
- **Why me? Why do I always get these annoying projects?**（どうして私が？　どうしていつも煩わしいプロジェクトを任されるのかしら）
- **The news really shocked me.**（そのニュースに大きな衝撃を受けた）
- **He was devastated by not getting into the MBA program.**（彼は MBA プログラムに合格できず、打ちのめされた）

coffee break

I'm down. は、絶望という意味ではないので注意

　日本では、体調を崩したときに「病気でダウンした」などと言うことがあります。down というと、イメージが落ちたり気分が落ち込んだりする印象がつきまといますが、アメリカ英語では、「〜しても構わない」「〜してもいい」という意味で down を使うことがあります。If you want to meet for lunch, I'm down.（会ってランチしたかったら、僕は乗り気だよ）のような使い方をします。気分が落ち込んでいるとか、絶望しているという意味ではないのでご注意ください。down ではなく up を使って、I'm up for lunch. などの表現もよく使われるそうです。イギリス英語では、down も使うことは使うものの、若者世代が使う表現だということです。

日常生活で見かけるジェスチャー④幸運を祈る
【1】Fingers crossed（うまく行きますように）

 Track 34

2本の指を交差させて「十字架」を作り、幸運を祈るジェスチャー

Wish me luck!
幸運を祈っていてください。

会話例

- I hope it goes well. I'm keeping my fingers crossed.（うまく行くように祈っています。幸運を祈ります）
- Good luck on the test! I'll keep my fingers crossed.（テスト頑張ってね！　幸運を祈っているよ）

138

1 NGジェスチャー

2 国によって違う

3 男女で違う

4 日常生活

5 ビジネス

6 海外ではOK

7 日本独特

解　説

日常生活で見かけるジェスチャー④幸運を祈る：
Fingers crossed（うまく行きますように）

　片手、または両手の人差し指と中指を交差させて「十字架」を作り、幸運や成功を祈願するときに使うジェスチャー。何世紀も前から使われているしぐさで、起源は不明ですが、紀元前から使われているという説もあります。自分への願掛けに使うときは自分のほうに向け、他の人や状況について幸運を祈るときは指先を相手側に向けます。「試験・面接に合格するように」「うまく行くように」「頑張って！」などと激励してあげたいときに使います。

関連表現

- **I wish you luck!**（頑張って！　幸運を祈ります）
- **I hope everything goes well for you.**（すべてうまく行きますように）
- **You're in my prayers.**（あなたのためを思って祈ります）
- **I hope you have a great time.**（すばらしいひとときになりますように）
- **Have fun!**（楽しんでね！）
- **Enjoy your trip!**（旅を楽しんできてね！）

coffee break
キリスト教の影響が残る習慣

　Fingers crossedは、両手で十字架を作るしぐさ。キリスト教の影響ですが、英語には他にも神様に言及する慣用表現がたくさんあります。Oh my God（ああ、神様）、God bless you（神様のご加護がありますように［くしゃみの後の声掛け］）、Thank God（ああ、よかった／ありがたい）など、神様を呼ぶ表現が盛り込まれています。この場合のGodは、絶対神なので、単数表現を使います。日本の神道のように、八百万の神がいるとされる宗教では、複数形gods（大文字始まりでないことにも注意）が用いられます。なので、英語ネイティブが複数形を用いて話しているのを聞くと、キリスト教ではない宗教に言及しているということが瞬時に理解できます。sがあるかないかで意味が大きく変わってしまうのは面白いですね。

日常生活で見かけるジェスチャー④幸運を祈る
【2】Knock on wood（いつまでもこの幸運が続きますように）

Track 35

願い事に関して、拳で木（または木製品）をコツコツ叩き、悪いことが起きないように祈るジェスチャー

動画あり

I have never been in a serious accident. Knock on wood.

これまで大きな事故にあったことがない。この幸運が続きますように。

会話例

- I'm doing really well. Knock on wood.（とても元気だよ。この調子が続きますように）
- So far I haven't gotten a cold. Knock on wood.（今のところ、風邪を引いていない。この幸運が続きますように）

140

1 NGジェスチャー

2 国によって違う

3 男女で違う

4 日常生活

5 ビジネス

6 海外ではOK

7 日本独特

解　説

日常生活で見かけるジェスチャー④幸運を祈る：
Knock on wood（いつまでもこの幸運が続きますように）

　片手で握りこぶしを作り、木、または木製品をコツコツと2〜3回叩くジェスチャー。木々には精霊が宿っており、木に触れることで「厄除け」になる、という昔からの迷信が起源になっているという説もあります。使い方としては、物事が順調に進んでいる、または好調な状態が続いているときに、「この幸運が続きますように」「悪いことが起こりませんように」という願いを込めて、コツコツと叩きます。最近の若いアメリカ人はあまり使いません。イギリスやオーストラリアでは Touch wood という表現も使われています。

関連表現

- **My health has been good. Knock on wood.**（自分の健康はおかげさまで良好です。この状態が続きますように）
- **I've sent many packages overseas, but nothing has gotten lost. Knock on wood.**（これまで海外に小包をたくさん送っているけど、紛失したことは一度もない。この幸運が続きますように）
- **I've never gotten sick by eating raw fish. Knock on wood.**（これまで生魚を食べて、病気になったことがない。この幸運が続きますように）
- **I've never had bad customers. Knock on wood.**（これまで困ったお客さんに出会ったことがない。この幸運が続きますように）
- **I've never lost my cell phone. Knock on wood.**（これまでに携帯を紛失したことがない。この幸運が続きますように）

coffee break

「お守り」を外国人へのお土産にするときは、配慮を

　日本では、「縁結びの神」「安産の神」「お金の神」など、お守りの種類も豊富。外国の方へのお土産に、お守りを検討する方も多いと思います。ただし、英語圏には、さまざまな宗教を信じている人がいます。宗教によっては、キリスト教などのように、他の神様を信じることを禁じている宗派もあります。信心深いクリスチャンの場合、プレゼントを贈る気持ちには感謝しても、そのようなお土産を受け取れない場合があります。最近は無神論者も増えているので、お守りをあげて問題なく喜ばれる場合も、もちろんあります。ですが、宗教的な意味合いを持つお土産品を外国の方にプレゼントするときは、そういった文化的背景も頭に入れておくとよいと思います。

他の人が言ったことを「引用符」つきで引用するジェスチャー。皮肉の場合もあるので要注意

動画あり

> Yeah, that movie was "great".
>
> ああ、あの映画は「大作」だったよ。
>
> ※皮肉っている

会話例

- **She was on a "diet".**（「ダイエット」していたそうだ。笑）
- **He is a "nice guy".**（彼は「いいヤツ」だそうだ。笑）
- **They are "just friends".**（「ただの友達」だそうだ）　※本当は、それ以上の関係

解　説

日常生活で見かけるジェスチャー⑤ Air quotes（エア・クォート）

　両手の人差し指と中指を立て、目または肩ぐらいの高さで指をクイッと2回曲げ、英語の「二重引用符」を作るジェスチャー。Quote/Unquote（クォート・アンクォート）と呼ばれ、日本語の「かぎ括弧」の役割を果たします。日本語と同じように、特定の言葉を強調したい場合や重要なポイントを強調する場合に使いますが、日本語と違う用法は、強調している表現と反対のことをほのめかしたいときにも使うジェスチャーであるということ。話し手が引用内容を真に受けていない、つまり「ご本人はこう言っているけど、本当かどうかは疑わしい」とほのめかすときに使います。一種の皮肉が伴う表現ですね。

関連表現

- **She's got a "nice personality".**（彼女、「性格はいい」んだけどね…）　※外見がパッとしないこと
- **So he "accidentally" bumped into her.**（で、彼は「偶然」彼女にバッタリ会ったわけね）
  ※偶然を装っているが、本当は意図的だった、という意味
- **She didn't come to work today. She said she was "sick".**（彼女は今日、仕事に来なかった。「病気」だったそうだ）　※仮病の意味
- **Thanks to David's quote unquote "help", we finished the project a day late.**（デイビッドの「手伝い」のおかげで、プロジェクトが1日遅れた［皮肉］）　※エアクォートをしながらquote, unquoteと言うと、さらに強調した表現になる
- **He said "a dog ate his homework".**（「犬に宿題を食べられた」と彼は言った）　※よく使われる言い訳

英語ネイティブが他の人の言葉を引用するときの方法

coffee break

　英語ネイティブ（特にアメリカ人）は、動作が大ぶりでドラマチックだと思ったことはありませんか？　筆者はずっと、そう思っていました。英語を学ぶうち、彼らが他の人の言動を描写するときに相手の言動をお笑いタレントのようにモノマネするからだ、ということがわかってきました。英語ネイティブは、「でね、彼はこんな感じで」（Then, he goes like this.）と、前置きをした後、役者さながら、身振り手振りを交えながらその人の様子を演技してみせるのです。

　一方、日本語には擬態語や擬声語が多いので、いちいち身体を使って身振り手振りで描写しなくても、「はきはき」「おどおど」などの擬態語を盛り込むことで、効果音などを聴き手に想像してもらうことができます。日本人が物静かだと言われるのは、便利な擬態語のおかげもあるかもしれません。

日常生活で見かけるジェスチャー⑥
Check, please（チェック・プリーズ）

レストランで食事が終わった後で「お会計」をお願いするときのジェスチャー

Check, please.
お会計をお願いします。
【米国】

会話例

● **Can I have the check?**（お会計をお願いできますか？）【米国】

● **Could I have the bill, please?**（お会計をお願いできますか？）【英国】

Chapter 4　日常生活や海外ドラマで見かけるジェスチャー

1 NGジェスチャー

2 国によって違う

3 男女で違う

4 日常生活

5 ビジネス

6 海外ではOK

7 日本独特

解　説

日常生活で見かけるジェスチャー⑥ Check, please（チェック・プリーズ）

　レストランで食事が終わった後に、お会計をお願いしたい場合、server（アメリカ英語での言い方。ウェイター・ウェイトレスの意味）が近くにいるときは片手を上げて、Check, please.（イギリスの場合は Bill, please.）と言います。相手がこちらの声が聞こえないほど遠くにいる場合は、ペンで空中にサインするようなジェスチャーか、片手を紙に見立ててそこにサインするようなジェスチャーをします。レストランで使うこのようなジェスチャーを知っておくと重宝します。日本で指を「X」の形にしてお会計を促すジェスチャーを使う人がいます（年配の方に多いようです）が、英語圏では通じません。また、イギリスでは、指を鳴らすようなしぐさで店員を呼ぶジェスチャーは非常に失礼です。ご注意ください。

関連表現

- **Bill, please.**（お会計をお願いします）【英国】
- **We're ready for the check.**（お勘定をお願いしたいのですが）
- **Can we have separate checks?**（お勘定は別々にお願いします）
- **Could we split the bill?**（割り勘にしてもらえますか）
- **I need a receipt, please.**（領収書をお願いします）
- **I don't remember... did I order coke?**（思い出せないんですが、私、コーラを注文しましたっけ？）
- **I'd like to verify my order, please. I ordered a cheeseburger, French fries and ice tea, right?**（自分の注文を確認したいんですが。注文したのはチーズバーガーとポテトとアイスティーですよね？）
- **Can I go over my order?**（自分の注文を確認させていただけますか？）

ファミレスや居酒屋の呼び出しボタンは日本特有

coffee break

　日本のファミリーレストランや居酒屋では、店員さんを呼び出すボタンがテーブルに備えつけられていますが、このボタンは海外のレストランにはありません。この呼び出しボタンは、海外からの観光客が日本に来たときに、感動したり驚いたりするものの1つです。ボタンがないとき、日本では手を挙げて「すみません」と声をかけますが、英米では大声でExcuse me! と言いながら手を挙げて、ウェイターさんやウェイトレスさんを呼ぶのは失礼です。アイコンタクトか、手を挙げて注意を喚起するか、近くまで来たときに小声でExcuse me.と言うようにしましょう。ジェスチャーと一緒に覚えると、英語の定着率も高まるので一石二鳥です。

ジェスチャーを身につけるには

ジェスチャーは、言語表現の一部として自然に出て来るものなので、ジェスチャーだけを身につけようと思ってもなかなか身につきません。日本にいながらジェスチャーを身につけたいと思ったら、海外の映画やテレビ番組でそのジェスチャーが使われているシーンをセリフごと真似してみることをお勧めします。そのジェスチャーだけを真似るのでなく、そのジェスチャーに至った前後の会話も一緒に覚えると、使い方がよく理解できます。自分がお手本にしたい俳優さんを1人決めて、その人を徹底的に真似してみるのもいいでしょう。日本と比べて動きが大きいジェスチャーが多いので、演技のつもりで練習することをお勧めします。ジェスチャーと一緒に覚えると、英語の定着率も高まるので一石二鳥です。

ジェスチャーの学習に最適なお勧め海外ドラマ

オースティン在住の、海外ドラマNAVI公式ライターのErina Austen さんに、ジェスチャーの学習に最適な海外ドラマをいくつか推薦していただきました。

まずは、定番なのは『フレンズ』。ものすごくフレーズもいいし、大げさなシットコム（シチュエーション・コメディの略。コメディの一種で、テレビドラマが多い）なので、ジェスチャーもいっぱいあるとのこと。または、昔流行った『フルハウス』の続編、『フラーハウス』もお勧めだそうです。コメディなので、ジェスチャーで笑わせる部分がかなりあるとか。『グッド・プレイス』もいいそうです（いずれも日本で視聴可能）。

ビジネスパーソンの男性なら、コメディの『名探偵モンク』や犯罪ドラマ『ホワイトカラー』などは、男性ならではのジェスチャーやビジネスシーンで使えるものが豊富で、重苦しくない軽快なテンポの作品なので、見やすいのでは、ということでした。海外ドラマで英語を学びたい方は、ぜひ参考にしてください。

Chapter 5

ビジネスで
覚えておきたい
ジェスチャー

ここではビジネスシーンで避けては通れない
「握手」と「名刺交換」「別れ際の挨拶」のジェス
チャーを取り上げています。必ず遭遇するシー
ンなので、できればペアになってロールプレイ
などで練習しておくと、実際の場面で堂々と振
る舞うことができます。

日本と英語圏の握手は、手の握り具合と視線が違う

日 本 ▶ 頭を下げながらの握手は、英語圏では NG

coffee break

日本人の握手は弱い

　本書の編集者さんが、英会話スクールのイギリス人の先生に、「日本人の握手は弱い」と指摘されたと教えてくれました。確かに日本人の握手は、手に軽く触れるだけ、という柔らかいタッチですね。これでは英語圏の人には熱意が伝わりません。英語圏の人と握手するときは、一歩前に足を踏み出して右手をまっすぐに差し出し、手を伸ばした状態で相手の手を握ります。さらに1回、軽く上下に振るので、ある程度の握力が必要になります。筆者の感覚では、リモコンや携帯を落とさないように手に持つのと同じぐらいの力で握るとちょうどいい感じです。

英語圏　**英語圏では、相手の目を見ながら、しっかりと手を握る**

Hello, my name is David.
Nice to meet you.
こんにちは、デイビッドと申します。お会いできて嬉しいです。

会話例

- **Let me introduce myself.**（自己紹介させてください）
- **My name is Kentaro. Pleasure to meet you. Please call me Ken.**（謙太郎と申します。お会いできて嬉しいです。ケンと呼んでください）

1 NGジェスチャー
2 国によって違う
3 男女で違う
4 日常生活
5 ビジネス
6 海外ではOK
7 日本独特

頭を下げながらの握手は、英語圏ではNG

　日本では、挨拶のときつい習慣で頭を下げてしまいがちです。でも、頭を下げると伏し目がちになり、相手の目が見られなかったり上目遣いになったりしてしまい、対等なビジネス関係を築くうえで良い印象を与えません。また、両手で相手の手を包み込む握手をする方がいますが、こちらも英語圏で使われるジェスチャーではないので、丁寧な印象にはなりません。

英語圏では、相手の目を見ながら、しっかりと手を握る

　英語圏での握手は、自分の名前を名乗り、相手の目を見ながら笑顔を作り、右手をまっすぐ前に差し出して相手の右手をしっかり握ります。右手は親指を立て、4本の指を揃えて「パー」を作る要領で開き、躊躇せずにさっと前に出してお互いの親指がかみ合うようにがっちり握ります。おずおず弱々しく握ると、誠意がないと解釈されることがあるので、ふにゃふにゃとした握手は禁物です。日本で握手するときよりも、やや強めに握りましょう。瞬間的に手をつかむ要領で、ぐっと握ります。ただし、痛いほどきつく握りしめる必要はありません。お互いに名前を名乗り合ったら手を放します。手を握っている時間は平均して2〜3秒です。

Chapter 5　ビジネスで覚えておきたいジェスチャー

1 ── NGジェスチャー

2 ── 国によって違う

3 ── 男女で違う

4 ── 日常生活

5 ── ビジネス

6 ── 海外ではOK

7 ── 日本独特

関連表現

- **It's so great to finally meet you.**（やっとお会いできて光栄です）
- **Nice meeting you.**（お会いできてよかったです）
- **In Japan, we don't usually shake hands when we meet for the first time. We bow.**
（日本では普通、初対面の相手と握手をしません。お辞儀をします）　※bow: 頭を下げる、お辞儀をする
- **I don't think we've met before. I'd love to introduce myself. I'm Kentaro.**（お会いしたことがないと思うのですが。ぜひとも自己紹介させてください。謙太郎と申します）
- **So, what do you do?**（で、ご職業は？）
- **So glad to meet you.**（お会いできて本当に嬉しいです）
- **Good to see you.**（会えて嬉しいよ）　※初対面でない場合の表現。初対面ではmeetを使う

---

coffee break

英語圏とのビジネスでは、自信を垣間見せることが大事

　英語圏と日本とでは、ビジネス文化にさまざまな違いがあります。一番の違いは、ビジネス上の決断を下す際のスピードでしょうか。ディスカッションを通じて商談が進められることも多いので、自分の意見を堂々と述べる姿勢と気概のある人が尊重されます。礼儀正しさもある程度は大切ですが、日本と比べると、礼儀正しさよりも自信と活気に溢れて発言できる人が重宝される傾向があります。ですので、挨拶をするときも名刺交換をするときも、笑顔を絶やさずに明るく堂々としていると、好印象を与えることができます。

名刺交換

日 本 ▶ 頭を下げて、両手で名刺を受け渡す

---

coffee break

欧米の名刺は、紙質も重視される

　欧米の名刺は縦51mm、横89mmで、日本の名刺と比べると、少しだけ小さいサイズです。最近は日本でも「欧米サイズ」の名刺が注文できるようですね。欧米の名刺で興味深いのは、日本と比べるとかなり厚手の高級な紙を使っている名刺があることです。職位の高い人ほど、厚手の名刺を持ち歩く傾向があるようです。

1 NGジェスチャー

2 国によって違う

3 男女で違う

4 日常生活

5 ビジネス

6 海外ではOK

7 日本独特

英語圏 ▶ 英語圏では片手で名刺を受け渡して OK

動画あり

Nice/Great to meet you.
Here's my card.
お会いできて嬉しいです。こちら、
名刺です。

会話例

● A: Do you mind if I give you my card?（名刺をお渡ししてもよろしいでしょうか？）
　B: Sure, let me give you my card, too.（もちろんです。私も名刺を渡しますね）

※ Do you mind if...? は「〜しても構いませんか？」という意味なので、「いいですよ」と言いたいときは No, I don't.（構いません）という否定形で答えるのがコツ。Yes だと「構います」「気にします」という意味になり、拒絶してしまうことになるので注意。混乱しそうなときは Sure. を使っておくと便利です。

● A: Nice to meet you. Here's my card.（お会いできて嬉しいです。こちら、名刺です）
　B: Thank you. Here is mine.（ありがとうございます。こちら、私の名刺です）

日本では頭を下げて、両手で名刺を受け渡す

　日本では、名刺を交換する際、目下の人のほうから先に名刺を渡します。お辞儀をしながら名刺を胸の高さで相手側に向けて持ち、相手に渡します。受け取るときは両手でいただきます。同時に名刺交換する場合には右手で渡し、左手で受け取ります。

英語圏では片手で名刺を受け渡してOK

　握手と自己紹介が終わった後、通常は名刺交換が行われます。立場的に上にいる人が名刺交換を先導するのがマナーとしては理想ですが、目下の人が開始しても失礼には当たりません。英語圏で名刺交換をする際は、財布や名刺入れから名刺を右手で取り出し、片手で相手に渡します。渡された方は名刺にさっと目を通し、内容を簡単に確認してから自分の名刺入れ（またはポケット）に入れます。名刺の内容を確認したうえで、そこから「オフィスは近いんですね」など、何か気の利いたコメントを返すと、自然に会話へとつなげることができます。

1
NGジェスチャー

2
国によって違う

3
男女で違う

4
日常生活

5
ビジネス

6
海外ではOK

7
日本独特

関連表現

- **May I have your business card?**（お名刺をいただけますか？）
- **Sorry, I've run out of business cards.**（すみません、名刺を切らしてしまいました）
- **Did I give you my card?**（名刺、お渡ししましたっけ？）
- **I'm sorry, I didn't bring my business cards with me this time.**（すみません、名刺を持って来ませんでした）
- **You have a nice business card!**（すてきな名刺ですね！）
- **Where did you get your business cards made?**（あなたの名刺、どこで作ってもらいましたか？）

coffee break

名刺を交換する際に気をつけたいこと

　名刺交換は、立場が上にいる人が率先して行うことが、マナーとしては望ましいとされていますが、目下の者が開始しても失礼ではありません。どのような状況ならば大丈夫かというと、挨拶から自然に仕事関連の話に移り、名刺を交換するのが自然な雰囲気になってきた場合です。場を和やかにするためのウォーミングアップ的な会話を省略して、立場が上の人のところへ行って唐突に名刺交換を要求するのは失礼です。自分から目上の人に名刺を渡したい場合は、打ち解けた雰囲気になった頃を見計らって、Do you mind if I give you my card?（名刺をお渡ししてもよろしいでしょうか？）と許可を求めましょう。

別れ際の挨拶

日 本 頭を下げて「敬礼」をする

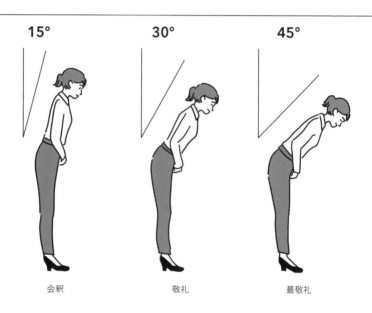

15°	30°	45°
会釈	敬礼	最敬礼

お辞儀を教えるのは簡単ではない

coffee break

　日頃、日本人が何気なく行っているお辞儀。でも、欧米にはない習慣なので、これを外国人に教える際は「お辞儀の際には、手を合わせたりしない」「背筋を伸ばしたまま」「会釈は15度」「浅い礼は30度」「最敬礼は45度」「さらに土下座もある」など、再現性の高い言葉で説明しなければいけません。他の国のお辞儀と混同しないように、具体的に、明確に説明することが必要です。「感謝の気持ちを込めて」などの感覚的な説明が通用しないのが、難しいところでもあり、面白いところでもあります。

1 ─── NGジェスチャー

2 ─── 国によって違う

3 ─── 男女で違う

4 ─── 日常生活

5 ─── ビジネス

6 ─── 海外ではOK

7 ─── 日本独特

英語圏 英語圏では手を上げるのみか、軽く左右に振る

It was nice talking with you. See you later.
お話しできて楽しかったです。それでは、また。

会話例

● A: See ya. Have a good one. (それじゃ、また。いい1日を [残りの日が良いものでありますように])

B: Yeah, you too. Bye! (君もね。さよなら)

● I'd love to talk more, but I've got to go to the meeting now. I'll talk to you later!
(もっとお話しできたらいいんですが、ミーティングに行かなければなりません。ではまた！)

日本では頭を下げて「敬礼」をする

　日本では、ビジネスの現場での別れの挨拶では、「失礼します」と言ってお辞儀をすることが多いのではないでしょうか。英語圏のように手を振るしぐさは、ビジネスではあまり見かけないように思います。日本のお別れは、英語圏より時間がかかるのも特徴です。エレベーターのドアが閉じるまで見送るとか、何度も振り返って挨拶する、といった習慣は、英語圏にはありません。上司や恩師との関係においては「名残り惜しい」気持ちを表すことが礼儀とされていますが、英米は1回「さよなら」を言ったら、振り返ることはほとんどありません。

英語圏では手を上げるのみか、軽く左右に振る

　英語圏には日本のお辞儀のような、決まった別れのジェスチャーはありません。談笑の後で、Well（じゃ、そろそろ）などの決まり文句でこれまでの話をいったん打ち切り、「次の約束がある」とか、失礼にならないための理由を述べて、いとまを告げるのが普通です。日本は胸の前で手を小刻みに振りますが、英語圏では身体の横か、頭と同じぐらいまで手を上げるのが普通です。手を振るとしても、せいぜい2〜3回が限度だと思います。ビジネスにおいて、やや改まった場合（あまり相手をよく知らない場合や、めったに会わない相手に会った場合など）には、別れ際に握手をすることもあります。握手をするかどうかの判断は、相手の出方に合わせるとよいでしょう。ビジネスの場面においては、ハグをして別れるということはありません。

1　NGジェスチャー

2　国によって違う

3　男女で違う

4　日常生活

5　ビジネス

6　海外ではOK

7　日本独特

関連表現

- **I wish I could stay longer, but...**（もう少し長くいられたらいいのですが、でも…）　※butの後に「そろそろ失礼しないと」ということをほのめかしている

- **Thank you for making time to see me.**（時間を作って会ってくださってありがとうございました）　※職場で使用する表現

- **Let's meet up for coffee sometime.**（コーヒーでも飲みに行こう）　※別れ際に、また会いたい気持ちを表すために使うことができる

- **It's getting late. I need to get going.**（夜も更けてきたので、そろそろ失礼します）

- **I'm glad you could come.**（あなたが来られてよかった）

- **Have a safe trip back home.**（気をつけて帰ってね）

- **I think we should see each other more often, don't you?**（お互いもっと頻繁に会うようにしたほうがいいね。そう思わない？）

---

coffee break

英語には「行ってきます」と「ただいま」がない

　ご存じの方も多いと思いますが、英語には「行ってきます」と「ただいま」に相当する表現がありません。かと言って挨拶をしないのかというと、そうではありません。日本語で「行ってきます」と言いたい場面では、See you later. などがよく使われます。以前、日本語を学習中のアメリカ人学生に「行ってきます」を教えたところ、授業が終わって教室を立ち去るときに「行ってきます」と言った学生がいました。「行ってきます」と「ただいま」は自宅や会社など、話し手が所属意識を持っている場所でしか使えないことを、もっと強調して説明すべきでした。I'm leaving. イコール「行ってきます」ではないことを再認識した一件でした。

Chapter 6

海外ではOKな
ジェスチャー

ここでは、外国人によく見られる動作の中で、
日本では失礼な行為に当たるものの、外国人の
母国では問題視されないジェスチャーや行為を
集めています。日本で外国人観光客をもてなす
とき、ここでご紹介するジェスチャーや行為を
誤解することがないように、参考にしていただ
ければ幸いです。

アメリカはガムを噛むことに寛大だが、他の国では注意が必要

アメリカでも、ビジネスシーンでは慎重に

Do you have any gum?
ガムある？

会話例

- Oh no, I swallowed my gum.（まずい、ガムを飲み込んでしまいました） ※swallow: 飲み込む

- You're not supposed to chew gum during the job interview.（面接中にガムを噛むものではありません） ※chew: 噛む（チューインガムの「チュー」）

Chapter 6　海外では OK なジェスチャー

1 NGジェスチャー

2 国によって違う

3 男女で違う

4 日常生活

5 ビジネス

6 海外ではOK

7 日本独特

解　説

アメリカはガムを噛むことに寛大だが、他の国では注意が必要

　アメリカでは、野球の試合でメジャーリーグの選手がガムを噛んでいるのをよく見かけます。また、アメリカの学校では、生徒も教師も授業中にガムを噛んでいることがあります。オバマ元大統領も、公務の最中にガムを噛んでいる姿が幾度となくカメラに収められていました。アメリカでは、ガムは菓子というよりも、口の中をさっぱりさせるためのものという認識が浸透しており、他の国と比べて「失礼」というイメージは薄いようです。ただしジェスチャーモデルの英語ネイティブに確認したところ、アメリカでもビジネスシーンでは、ガムを噛まないようにしたほうが無難だということでした。ガムが許されている職場でも、噛むときはクチャクチャ音を立てず、目立たないように気を配るべきだそうです。イギリスでは親しい友人と歩きながらガムを噛んだりすることは問題ないそうですが、面と向かって人と話しているときにガムを噛んでいると、やはり好ましくない印象を与えるそうです。

関連表現

- **Can I have a piece of gum?**（ガムを1枚もらえますか？）
- **Would you like a piece of gum?**（ガムはいかがですか？）
- **I lost my gum wrapper. Do you have a tissue?**（ガムの包み紙をなくしてしまいました。ティッシュがあったらもらえますか？）
- **Please refrain from chewing gum during the exam.**（試験の間はガムを噛むことはお控えください）
- **My gums are swollen.**（歯茎が腫れている）
  ※この場合のgumsは「歯茎」の意味で、複数形を使う
  ※swollen: むくんだ、膨れた、腫れた

coffee break　不衛生な観光スポット「ガムウォール」

　アメリカのシアトルに、「ガムウォール」と呼ばれる観光スポットがあります。ここには噛み終わった大量のガムが、高さ4.6m、幅15mほどのレンガの壁一面に貼りつけられています。ガムウォールは1993年頃に生まれたそうで、最も不衛生な名所の1つとしても知られています。筆者は訪れたことがありませんが、現地は風船ガムの甘い匂いが漂い、不衛生だけれども綺麗だということです。ガムを噛みながら現地に赴き、噛み終わったガムを壁に貼りつけて、写真を撮っていく観光客が後を絶たないとか。こういう奇抜な発想は、アメリカならではですね。ガムに対する感覚が、他の国と明らかに違うことを実感させられます。

朗らかに大声で笑うことは、失礼ではない

Track
42

「ハハハ」という笑いは、周囲を和ませる

Hahaha!! That's so funny.
アハハ！　めっちゃおかしい。

会話例

- I couldn't stop laughing.（笑いが止まらなかった）
- You crack me up!（大ウケ！、笑わせてくれるね！）　※crack は「壊れる」「バラバラになる」の意味があるので、ゲラゲラ笑い出すイメージ
- In Japan, there are some occasions where laughing out loud is considered inappropriate.（日本では、大声で笑うことが不適切だと見なされる状況がいくつかあります）

164

Chapter 6　海外では OK なジェスチャー

1 ── NGジェスチャー

2 ── 国によって違う

3 ── 男女で違う

4 ── 日常生活

5 ── ビジネス

6 ── 海外ではOK

7 ── 日本独特

解　説

朗らかに大声で笑うことは、失礼ではない

　日本では、状況によっては、大声でワハハと笑うと、うるさいとか不謹慎と受け止められることがあるせいか、特に女性の場合、手で口を覆ってクスクスと控えめに笑う人が多いようです。でも、アメリカでは快活な笑いはむしろ大歓迎。テレビのホームコメディでも笑い声がバックに入っていますし、映画館などでも爆笑シーンを見た観客が一斉にドッと笑ったり、拍手喝采したりする光景を見かけます。笑いがチャームポイントとなっているため、日本で笑い声が大きいと眉をひそめられることがあるなど、英語圏の人は想像もつかないはずです。インターネットでも LOL（Laugh Out Loud）や HAHAHA など、笑いを表す表現がメッセージでよく使われていますね。メッセージでは、冗談に大ウケした場合以外に、日本語の「笑」に相当する意味でも、LOL や lol が使われます。

関連表現

● **Shhh!! The baby is sleeping. You shouldn't laugh so loud.**（シーッ！　赤ちゃんが寝ているの。大声で笑わないように）

● **I need a good laugh. Do you know any good comedies?**（思いきり笑いたい。何かいいコメディ知らない？）

● **Laughter is contagious.**（笑いは伝染する）　※contagious: 伝染しやすい

● **We have the same sense of humor.**（笑いのツボが同じだね）

coffee break

国によって、好ましいスマイルは違う？

　アメリカで、写真を撮ろうとカメラを向けると、誰もが真っ白な（そして大部分が歯並びの良い）歯を見せて、ニーッと笑います。楽しかろうが楽しくなかろうが、多くの人がニコーッと笑うので、これがアメリカでの標準的なスマイルなのでしょう（ただし、愛想笑いのときもあります）。一方、イギリス人は、あまり歯を見せずに、唇の片端か両端をつり上げて、笑顔を作る人が多いようです。以前、在英の友人と話していたとき、英米の笑顔のことが話題に上ったことがありますが、イギリスは皮肉や風刺が好きなお国柄だからかもしれません。日本人はカメラを向けられると、微笑むか、表情を変えない人が多いですね。国が変わると、笑顔も変わるのは面白いです。

足を組むことは、
英語圏では失礼に当たらない

Track
43

ビジネスシーンで足を組んでも OK

> **In Japan, men sit cross-legged on the floor.**
> 日本では、男性はあぐらをかいて座ります。
>
> ※ cross-legged: 足を交差させる、あぐらをかく

会話例

● **In Japan, crossing your legs is considered very casual.**（日本では、足を組むことは非常にカジュアルだと考えられています）

● **In the United States, it is acceptable to cross your legs while you're in a business conference.**（アメリカでは、会議で足を組んで座っても大丈夫です）

● **Don't cross your legs when sitting on a subway or a train in Japan.**（日本では、地下鉄や電車で足を組んではいけませんよ）

Chapter 6　海外では OK なジェスチャー

1 NGジェスチャー

2 国によって違う

3 男女で違う

4 日常生活

5 ビジネス

6 海外ではOK

7 日本独特

解　説

足を組むことは、英語圏では失礼に当たらない

アメリカでは、授業中、面接中、仕事中などに足を組むことは、ごく日常的に行われています。男性も女性も等しく、足を組みます。これは企業幹部や重役、大統領クラスであっても同じです。以前、トランプ大統領とメラニア夫人が来日して当時の天皇皇后両陛下に謁見したときに、メラニア夫人が足を組んで座っていたことが話題になりました。日本は正式な座り方として「正座」の習慣があり、正座と比べると、足を組む座り方がどうしてもくだけた姿勢に見えてしまいます。ですが、英語圏のビジネスシーンでは、通常はこれで十分です。足の組み方には、「①一方の膝の裏をもう一方の膝に乗せる」「②足首を膝に乗せる」という方法があります。どちらかというと、②は男性に多いようです。

中東では、国によっては足や履いている靴の裏側を見せることは大変失礼に当たります。

関連表現

- In Japan, it's not acceptable to cross your legs in formal settings including business meetings, funerals and formal ceremonies.（日本では、会議やお葬式、フォーマルな式典などで足を組んではいけません）
- In Japan, it's considered appropriate to sit with your legs together.（日本では、足を揃えて座るのが適切と考えられています）
- My legs fell asleep. Can I stretch my legs?（足がしびれてしまいました。足を伸ばしてもいいですか？）
- Crossing your legs is not good for your posture.（足を組むのは姿勢に悪い）
- Could you please uncross your legs? They're hitting me.（足を組むのをやめてもらえませんか？　私にぶつかっているので）

coffee break

イギリス王室での女性の座り方

イギリスでは、以前、アメリカ出身のメーガン妃が、足を組んで王室の集合写真に写っていたとして、非難を浴びたことがありました。英国王室には、「ダッチェス・スラント」（Duchess Slant）という、足を斜めに揃える座り方があり、公式な場ではこのような座り方が期待されるそうです。

また、オバマ元大統領夫人がエリザベス女王の背中に触れたときには、「女王の身体に無断で触るなんてもってのほか」という感覚で、驚きと共に違和感を覚えたイギリス人も多かったそうです。イギリス王室は、他の英語圏と比べても、いろいろと厳しいマナーがありそうですね。

英語圏では、肘をついても
失礼には当たらない

いい考えを思いつくためなら、楽な姿勢で構わない

In Japan, it's considered rude to put your elbows on the table in a business meeting.
日本では、会議で肘をつくことは失礼だと考えられています。

会話例

● In the US/UK, it's not appropriate to put your elbows on the table when you eat. (米国/英国では、食事のときにテーブルに肘をつくのは行儀が悪いとされています)

● He was resting his chin in his hands while thinking. (彼は頬杖をついて考えていた)

解　説

英語圏では、肘をついても失礼には当たらない

　日本では、肘をついていると、退屈しているとか不真面目だという印象を与えることがありますが、英語圏では学校でも会社でも、考え込んでいるときに肘をついても特に悪い印象を与えることはありません。片肘でも両肘でも同じです。p. 166 の「足を組む」と同様、いい考えが浮かぶなら楽な姿勢で構わないというスタンスです。「考える人」の銅像も肘をついていますよね。肘をついたまま居眠りをしている、などの場合は別ですが、あれこれ思いを巡らせているのであれば、失礼とは見なされません。

関連表現

● **In Japan, you shouldn't rest your chin on your elbow during the class because you can give the impression that you're bored.**（日本では、授業中に頬杖をつくべきではありません。退屈しているという印象を与えかねないからです）

● **Don't rest your elbows on the table while you eat.**（食べている間、テーブルに肘をついてはいけません）

● **I've seen some people putting their elbows on the table while they're at a fast food restaurant.**（ファストフード・レストランで、テーブルに肘をついている人を見たことがあります）

● **Some photographers ask you to rest your chin in your hand to take a portrait picture.**（顔写真を撮るために、頬杖をつくように指示されることがあります）

● **Do you know who that lady is over there resting her chin on her hand?**（頬杖をついて窓の外を見ている女性が誰か知っていますか？）

● **Don't rest your chin on your arms at a table or desk in Japan.**（日本では、テーブルや机に頬杖をつかないでください）

> coffee break
>
> ## 英語圏でも、食事のときだけは、肘をつかないように注意
>
> 　英語圏では、考えているときには肘をついていても悪い印象を与えませんが、食事中に肘をつくのはマナー違反と考えられます。基本、フォークとナイフで食事を切り分ける習慣があるからでしょう（アメリカでは、切り分けた後に右手にフォークを持ち替えて食べる人も多いですが）。食事のときだけは、肘をつかないように気をつけましょう。

Chapter 7

日本独特の
ジェスチャー

ここでは、日本特有のジェスチャーを取り上げています。ここで取り上げるジェスチャーは、海外で「失礼だ」と非難されることはないと思いますが、「意味不明」「不思議」と解釈される可能性があります。

写真撮影時の「ピース」サインは日本特有

英語圏での「ピース」サインは「勝利」の意味だが、向きに注意

会話例

- Let's take a picture!（写真を撮ろう！）
- Let's take a selfie!（自撮り写真を撮ろう！）
- Say cheese!（はい、チーズ！）
- Look at the camera. 1-2-3, "Cheese"!（カメラを見て！ 1-2-3、チーズ！）

1
NGジェスチャー

2
国によって違う

3
男女で違う

4
日常生活

5
ビジネス

6
海外ではOK

7
日本独特

解　説

写真撮影時の「ピース」サインは日本特有

　写真撮影時に「ピース」サインをしているかどうかで日本人だと判断できると言われるほど、日本に定着している「ピース」サイン。このサインが日本特有だということをご存じでしたか？（日本が好きな外国人が真似する場合もあります。）日本で流行し始めたのは、1980年頃からだそうです。英米では、写真を撮るときの「決めポーズ」は笑顔。特にアメリカは歯を見せて大きな笑顔を作る習慣があります。

　「ピース」サインはVictory（勝利）の意味があり、アメリカではベトナム戦争反対運動でヒッピーがよく使っていました。裏ピースにすると侮辱の意味になる国もあるので、向きに注意してください（→Chapter 1のp. 45を参照）。特にイギリスでは、悪意がないとわかっていても日本人のピースを快く思わない人もいるので、普通のピースをするときも気をつけましょう。

関連表現

- **Ready? 1-2-3, "Cheese!"**（準備はいい？　1、2、3、チーズ！）
- **Let's make a funny face this time.**（今度は変顔で写真を撮ろう）
- **Would you mind taking a picture of us?**（私たちの写真を撮っていただけませんか？）
- **Would you like me to take a picture for you?**（写真を撮ってあげようか？）
- **Smile!**（笑って！）

coffee break

日本語で「チーズ！」と言ってみても、笑顔を作れない

　英語圏の人が写真撮影時にCheese! と言うのは、「チーズ」の「チー…」を発音すると口が「イー」と横に開き、自然と笑顔の形になるからです。英語でcheeseと発音した場合、最後の「ズ」が子音なので口の形が変わりません。これに対し、日本語では「チーズ」と言うとき、最後の「ズ」で口を尖らせることになるため、笑顔の形をキープできません。なので日本ではなぜ、「チーズ」という習慣が定着したのかな…と思います。日本は「チーズ」の「ズ」と言ったところで写真を撮るせいか、英語圏の人が写真を撮るときよりも、いくぶん笑顔が控えめな印象を受けます。

女性に見られる「泣く」ジェスチャーも、日本特有

Track
46

英語圏では、一本指を曲げて泣いたふり

会話例

- I can't stop crying. (涙が止まらないよ)
- I think I'm going to cry. (泣いてしまうかも)
- I bawled my eyes out. (大泣きしちゃった) ※bawl: 大声で泣く

解　説

女性に見られる「泣く」ジェスチャーも、日本特有

　両手を軽く握り、目の下で涙を拭くそぶりを見せたり、人差し指で涙が流れ出てくる様子を表したりする「泣く」ジェスチャーも、日本特有です。日本では、特に女性の間で「泣く」ジェスチャー（泣き真似）が使われることがあります。日本には、「泣く」＝「かわいい、守ってあげたいという印象を与える」と考える風潮があるようです。英語圏にも「泣く」ジェスチャーはありますが、人差し指1本で目の下を拭くようにする動作で、「かわいさ」との直接的な関連性はありません。参考までに、泣いたときの対応として、日本人はハンカチで涙を拭きますが、英語圏の人は鼻をかみます（鼻のかみ方については、Chapter 1のp. 42を参照）。

関連表現

- **Don't cry, pull yourself together!**（泣くな自分、しっかりしろ！）
- **Don't be a crybaby!**（泣き言ばかり言わないで！）
- **Don't fake cry!**（泣き真似をするんじゃない！）
- **Why do you look so sad?**（なんでそんなに悲しそうなの？）
- **The baby looks like he's about to cry.**（赤ちゃん、今にも泣きそうに見えるね）
- **She burst into tears.**（彼女は泣き出した）　※burst into: 突然〜し始める

coffee break
英語圏でモテる女性と日本でモテる女性との違い

　日本では、「か弱い」「守ってあげたい」という気持ちにさせる女性が、魅力的だと考えられている風潮があるのではないでしょうか。また、大人っぽい女性よりも、かわいい女性になりたいという女性が多いように思います。でも、英米（特に米国）では、かわいい女性よりも「強い女性」「自立した女性」「セクシーな女性」が好まれる傾向があります。英語圏の女性は、男性の防御本能をくすぐることは少ないかもしれませんが、デートで奢ってもらうことを期待していない人も多いです（人によりますが）。文化の違いを楽しみつつ、接してみてはいかがでしょうか。

小指を立てて、「彼女」「妻」

指で「男」「女」を表すのは、日本独特

会話例

- In Japan, a pinky is used to indicate girlfriend or wife.（日本では、小指で「ガールフレンド」や「妻」を表す人がいます）　※pinky: 小指
- He has a girlfriend now!（彼に彼女ができた！）
- Are you seeing someone?（誰か付き合っている人はいますか？）

1
NGジェスチャー

2
国によって違う

3
男女で違う

4
日常生活

5
ビジネス

6
海外ではOK

7
日本独特

解説

小指を立てて、「彼女」「妻」

　若い人たちの間では死語と化しているかもしれませんが、日本には、小指で「彼女」「妻」「女房」などを表す習慣があります。一説によると、昔、遊女が客に忠誠を誓うときに始めた「指切り」に由来するそうです。また、親指で「彼氏」を表すこともあります。しかし英語圏には、指で「彼氏」「彼女」を表す習慣はありません（ちなみに、日本手話では男は親指、女は小指で表しますが、アメリカ手話ではまったく違います）。そもそも、「親指」「小指」などのように、指を擬人化する呼び方すら存在しません。finger(s)は、親指を除く4本の指を表す言葉で、親指はthumbという呼び方をします（人差し指はindex finger、中指はmiddle finger、薬指はring finger、小指はlittle finger またはpinky）。足の指に至っては、「親指、人差し指…」などと言わず、5本すべてをtoeと呼びます。分類が日本とは全然違うのです。

関連表現

● **In the US/UK, people don't use their fingers to indicate boyfriend or girlfriend.** (英米では、指でボーイフレンド／ガールフレンドを表さない)

● **This is slang, and is used mostly by older men.** (これはスラングで、使うのは年配の男性が大部分です)

● **They're a cute couple.** (お似合いのかわいいカップルだね)

● **We're going to have a lunch date this weekend.** (この週末、ランチデートします)

● **I had a lot of fun on our date last night.** (昨晩のデートは楽しかったね)　※デートの相手に言う場合。別の人に言う場合は、ourではなくmyを使う

● **We broke up.** (別れました)

---

coffee break

小指を立てるしぐさは、英語圏でも「ゲイ」を意味する？

　日本には、「小指を立てる男性はゲイ」というイメージがあるようです。今回、モデルやスタッフを務めてくれたアメリカ人の複数の友人たちにズバリ聞いてみたところ、「そんなイメージはない」という回答でした。オープンにゲイをカミングアウトしている友人にもインタビューしましたが、結果は同じでした。ただし、やや年配の世代に確認したところ、LGBTQを公言することが憚られた時代（1900年代初頭）に、バーやパブなどのお酒の席でゲイを表すのに小指を立てることはあったようです。現在は廃れたジェスチャーのようですが、イギリスでは、お芝居などで腰に片手を当て、手首をヒラッと垂らし、小指も立てるなどの誇張した仕草が見られることはあるそうです。

「妊娠」を表すポーズ

容姿を表すジェスチャーは、英語圏では好まれないので注意

会話例

- I'm having a baby!（赤ちゃんができたの！）
- My morning sickness is really bad today.（今日はつわりがひどい）　※ morning sickness: つわり

1

ＮＧジェスチャー

2

国によって違う

3

男女で違う

4

日常生活

5

ビジネス

6

海外ではＯＫ

7

日本独特

解　説

「妊娠」を表すポーズ

　日本では、妊婦を表すしぐさとして、手で大きいおなかの「弧」を描いてみせることがあります。英語圏では、女性が嬉しそうに自分のおなかを両手でさすっているのは見たことがありますが、わざわざ突き出たおなかを空中に描いて見せることはありません。日本の「妊娠」ジェスチャーは、一歩間違えると「肥満」を表現していると誤解される可能性もあります。アメリカは「肥満」について語ることには非常に慎重なお国柄なので、おかしな誤解を招かないためにも、このジェスチャーは控えたほうがいいと思います。

関連表現

- **My sister is three months pregnant.**（妹は妊娠3か月目です）
- **My sister is pregnant with twins.**（妹は双子を妊娠している）
- **My boss's wife is expecting.**（上司の奥さんは妊娠していらっしゃいます）
- **When are you due?**（予定日はいつですか？）
- **Are you expecting?**（妊娠していらっしゃるんですか？［礼儀正しい聞き方］）　※expecting: 妊娠している、出産を控えている
- **How many months along are you?**（妊娠何か月ですか？）
- **My colleague is on maternity leave.**（同僚は産休に入っている）　※maternity leave: 産休

---

coffee break

体型や容姿に関するコメントやジェスチャーは、控えよう

　日本では、親しい間柄の場合、挨拶がわりに「やせたね」「太ったね」などとコメントする人がいます。親愛の情の印、と思っているのかもしれませんが、英語圏では、外見や容姿についてコメントしたり、ジェスチャーをして見せたりするのはNGです。特徴的な外見や容姿を取り上げると、人種や民族を差別していると批判されることもあるので、注意が必要です。ただし、褒める場合は例外です。きれいだとか美しいと褒めてあげたいときは、積極的にコメントしても全然問題ありません。むしろ喜ばれることでしょう。

二本角立てて「怒り」ポーズ

鬼の「角」を表すポーズは、英語圏の人には意味不明

会話例

- Can you imagine what this gesture means?（このジェスチャーが何を意味するか、想像できますか？）
- This means that someone is angry.（これは、誰かが怒っているという意味です）
- She was really angry with me.（彼女は私に大いに腹を立てていた）

1
NGジェスチャー

2
国によって違う

3
男女で違う

4
日常生活

5
ビジネス

6
海外ではOK

7
日本独特

解　説

二本角立てて「怒り」ポーズ

　日本では、怒っているというときに使うジェスチャーですが、二本角を頭の上に立てて「鬼」とするポーズは、英語圏にはありません。そもそも、日本の妖怪とされている「鬼」の存在自体が、なじみがありません。節分などの風習もないので、発想すらないのだと思います。なお、このジェスチャーは他の人を形容するときにも使いますが（例：「妻がこれでさ」などと言いながら）、基本的に英語圏には、自分以外の人がこうであると形容するジェスチャーはほとんどありません。Crazyのジェスチャー（→Chapter 4のp. 120を参照）をするときも、失礼にならないように、相手を主語にしないように気をつけています。他の人のことを形容するジェスチャーは、失礼な印象になるので、控えたほうが賢明です。

関連表現

- **In Japan, when someone is angry, we do this gesture.**（日本では誰かが怒っていることを表すときに、このジェスチャーをします）
- **She got really mad at them because they were so rude.**（あまりにも失礼だったので、ムカついた）
- **He was furious.**（彼は怒り狂った）
- **A: Why are you so mad?**（どうしてそんなに腹を立てているの？）
  B: Because he insulted me.（彼が僕を侮辱したからだよ）
  A: Why don't you calm down? He didn't mean to insult you.（落ち着いて。彼に悪気はなかったのよ）

coffee break　一連のジェスチャー、アメリカ人には通じませんでした

　今回、本書の写真の撮影に当たって、モデルを務めてくれたアメリカ人に、「妊娠中の」「彼女が」「怒っている」の3つのジェスチャーをしてみせ、どういう意味だと思うかを考えてもらいました。「妊娠」については、説明すると「ああ」という顔をしましたが、「彼女」「怒っている」については、まったく見当もつかなかったそうです。英語圏には、自分の気持ちや状態を主体的に表すジェスチャーはありますが、他人の様子を形容するジェスチャーは、非常に少ないと思います。「自分」と「第三者」の線引きがはっきりしている文化と、はっきりしていない文化の違いかと思います。

ちょっと通ります

「ちょっと通ります」に相当する動作は、英語圏にはない

会話例

- **Excuse me.**（すみません）
- **Pardon me.**（ごめんなさい）

1 ── ＮＧジェスチャー

2 ── 国によって違う

3 ── 男女で違う

4 ── 日常生活

5 ── ビジネス

6 ── 海外ではＯＫ

7 ── 日本独特

解 説

ちょっと通ります

　日本では、人前を横切るときに、腰をやや曲げて片手を前に出し、チョップするようなしぐさをしながら通ることがあります。この動作を「手刀を切る」と呼ぶそうですね。筆者も長年アメリカに住んでいるにも関わらず、人前を横切るときに今でもこのしぐさをしたい衝動にかられてしまいますが、この動作は非常に日本的。英語圏には、このような動作はありません。人前を通るときは、Excuse me / Sorry / Pardon meなどと声をかけて、道を開けてもらいます（グループで通るときはExcuse usとも言う）。中には気を利かせて、こちらがExcuse meと言う前に、体の向きを変えて通りやすくしてくれる人も結構います。

関連表現

- **I'm sorry.**（ごめんなさい）
- **Oh, no problem!**（全然大丈夫！）
- **Sure!**（いいですよ！）
- **Go ahead.**（お先にどうぞ）
- **After you.**（お先にどうぞ）
- **Not at all!**（全然！）
- **Of course!**（もちろん問題ありませんよ！）　※「どういたしまして」の意味で使われることも多い
- **Excuse me, can I get by you?**（すみません、そばを通らせてもらっていいですか？）

---

coffee break

公共の場で、他者への配慮に長けたアメリカ

　手刀を切る、などの動作が必要ないのは、日本と英語圏では土地の広さや感覚も異なり、パーソナル・スペースが異なるから、という説があります。日本人が「すみませんが、あなたのパーソナル・スペースに侵入しますよ。お許しください」と言って手刀を切っても、英語圏の人はそもそも感覚が違うので、意味が通じないということです（パーソナル・スペースに関する詳細は、Chapter 1のp. 26を参照）。英語圏では、男性が礼儀正しくドアやエレベーターのドアを開けて他の人（特に女性）を通してあげたり、銀行やお手洗いで行儀よく一列に並んで順番を待つなど、公共の場で全体的に他の人がスムーズに歩けるように協力する体制が整っている印象です。ついでに言うと、電車などでの座席の譲り合いも、ごく自然に行われる傾向が強いです。一方、日本人は通勤ラッシュのときには電車や地下鉄で押し合いになったり、座席の譲り合いがぎこちなかったりしますが、地震などにおいては物の奪い合いもなく辛抱強く列に並んで配給を待つなど、非常事態に礼儀正しさを発揮します。こういう国民性の違いは、対照的で面白いと思います。

INDEX

Special Thanks

【編集協力】遠藤紫苑、平松里英、マイアットかおり、浅野義輝、渡邉凌、中原美里

【取材協力】遠藤千香、Erina Austen

【撮影協力】遠藤紫苑、David Dickenson, Victoria Klein, 青木謙太郎、村松美佳、Moriah Cinq-Mars, Hannah Staiger, Toby Wiedenhöfer, Arkan Abuyazid, Logan Klein, Opal Bunnag

【英文校正】David A. Aguilar, Matthew Anderson, Richard Hunter, Robert L. Ransom, Jr.

【他文化アドバイザー】Andreas Deutschmann（ドイツ）、James Myatt（フランス）、Renato Pinto（ブラジル）、周子靖（中国）、Janine Balansag Gutib（フィリピン）

著者略歴

ランサムはな(Hana Kawashima Ransom)
米国翻訳者協会(ATA)認定翻訳者。英検1級。英検2次面接官。
津田塾大学英文学科卒業後、全国展開の英会話学校で主任講師を務める。米テキサス大学オースティン校大学院で教材開発を専攻。米国外国語教材制作会社の英語教材開発に参画。ニューヨークの日系新聞社の翻訳をはじめ、デル、グーグル、マイクロソフト等、一流企業が日本市場を開拓する際の日本語化にも多数参画。Eラーニングの教材翻訳も多数。
現在は世界中から仕事を受注しながら、日本と米国を往復している。日本語教育能力検定試験に合格、アメリカの大学で日本語講師の経験もある。
著書に『写真で見る 看板・標識・ラベル・パッケージの英語表現』(クロスメディア・ランゲージ)。
ホームページ:http://rannohana.net インスタグラム(看板英語):@kanbanenglish
YouTube「ランサムはなTV」:https://www.youtube.com/c/RansomHanaTV

〔編集協力〕 遠藤千香、遠藤紫苑、平松里英

**写真と動画で見る
ジェスチャー・ボディランゲージの英語表現**

2020年10月21日 第1刷発行

著者 ランサムはな
発行者 小野田幸子
発行 株式会社クロスメディア・ランゲージ
〒151-0051 東京都渋谷区千駄ヶ谷四丁目20番3号
東栄神宮外苑ビル https://www.cm-language.co.jp
■本の内容に関するお問い合わせ先
TEL (03)6804-2775 FAX (03)5413-3141

発売 株式会社インプレス
〒101-0051 東京都千代田区神田神保町一丁目105番地
■乱丁本・落丁本などのお問い合わせ先
TEL (03)6837-5016 FAX (03)6837-5023 service@impress.co.jp
(受付時間 10:00-12:00、13:00-17:30 土日、祝日を除く)
古書店で購入されたものについてはお取り替えできません。
■書店／販売店のご注文受付
インプレス 受注センター TEL (048) 449-8040 FAX (048) 449-8041
インプレス 出版営業部 TEL (03) 6837-4635

カバーデザイン 竹内雄二
本文デザイン 都井美穂子
DTP 株式会社ニッタプリントサービス
校正 松永祐里奈、児玉朝来
英文校正 Robert L. Ransom Jr., Richard Hunter, Matthew Anderson, David A. Aguilar
ナレーション Carolyn Miller, Josh Keller
営業 秋元理志
録音・編集 株式会社巧芸創作
印刷・製本 中央精版印刷株式会社
ISBN 978-4-295-40472-9 C2082
©Hana Kawashima Ransom 2020
Printed in Japan